完全整理
図表でわかる地方公務員法
第3次改訂版

地方公務員昇任試験問題研究会 [編著]

学陽書房

装幀●佐藤　博

本文デザイン●越海辰夫

第3次改訂版にあたって

地方公務員法はこれ1冊でOK！

　地方公務員法は、条文数が65条と比較的少なく、一見シンプルな印象を受けますが、なかなか一筋縄では理解できません。これは、一般職と特別職をはじめ、常勤職員と非常勤職員の区分や、企業職員、単純労務職員、教育公務員、警察・消防職員など、勤務形態や業務内容が違う様々な職の分類があることが大きな理由です。このため、原則を確実に覚えるとともに、職種等による特例規定や関係法令にも注意を払うことが必要です。

　また、昇任試験の場合は、条文数が少ないゆえに、逆にそれと関連する行政実例や判例等が出題されるケースが非常に多くなっています。

　そこで当研究会では、地方公務員法をより短時間で効率的に修得するために、本書を企画・制作いたしました。特徴は次のとおりです。

① 職や制度上による違いや特徴などがひと目でわかるよう、図表を用いて丁寧に解説しています。

② 180以上の豊富な行政実例・判例等を収録し、どんな試験問題にも対応できるよう万全を期しています。

③ 労働基準法、教育公務員特例法、地方公営企業法など関係法令を適宜掲載し、関連づけて覚えられるよう工夫をしています。

　おかげさまで本書は、2004（平成16）年の初版刊行以来、歴代の受験者の方々からの支持に加え、仕事にも役立つというお声を多数いただいています。

　こうした中、**令和3年に地方公務員法が改正（法律63号）**されたことを契機にこの改正を入れ込み、このたび改訂版を刊行することにいたしました。

　今回の法改正では、平均寿命の伸長や少子高齢化の進行を踏まえ、豊富な知識・技術・経験等を持つ高齢期の職員に最大限活躍してもらうための定年引上げや、これに伴う役職定年制の導入に主眼が置かれており、本改訂版はこれを的確にカバーしています。

　難しい改正内容も、本書にかかればスイスイと勉強できてしまいますので、ぜひ、ご活用ください。

2021（令和3）年10月

地方公務員昇任試験問題研究会

目　次

憲　法	日本国憲法（昭 21）
法又は地公法	地方公務員法（昭 25 法 261）
自治法	地方自治法（昭 22 法 67）
自治令	地方自治法施行令（昭 22 政令 16）
地教行法	地方教育行政の組織及び運営に関する法律（昭 31 法 162）
教特法	教育公務員特例法（昭 24 法 1）
地公企法	地方公営企業法（昭 27 法 292）
地公企令	地方公営企業法施行令（昭 27 政令 403）
地公企労法	地方公営企業等の労働関係に関する法律（昭 27 法 289）
国公法	国家公務員法（昭 22 法 120）
労基法	労働基準法（昭 22 法 49）
労安法	労働安全衛生法（昭 47 法 57）
労組法	労働組合法（昭 24 法 174）
地公育休法	地方公務員の育児休業等に関する法律（平 3 法 110）
地公災法	地方公務員災害補償法（昭 42 法 121）
地共済法	地方公務員等共済組合法（昭 37 法 152）
地独行法	地方独立行政法人法（平 15 法 118）
地税法	地方税法（昭 25 法 226）
公選法	公職選挙法（昭 25 法 100）
消組法	消防組織法（昭 22 法 226）
船災防法	船員災害防止活動の促進に関する法律（昭 42 法 61）
行訴法	行政事件訴訟法（昭 37 法 139）
民執法	民事執行法（昭 54 法 4）
任期付法	地方公共団体の一般職の任期付職員の採用に関する法律（平 14 法 48）
男女雇用機会均等法	雇用の分野における男女の均等な機会及び待遇の確保等に関する法律（昭 47 法 113）
貨幣法	通貨の単位及び貨幣の発行等に関する法律（昭 62 法 42）
通　知	総務省（旧自治省）通知
最裁判	最高裁判所判決
法制意見	内閣法制局意見

大	大正	**昭**	昭和	**平**	平成

条文の表記

地方公務員法第 36 条第 2 項第 3 号―法 36 条②Ⅲ

完 全 整 理

図表でわかる
地方公務員法

〈 第 3 次 改 訂 版 〉

1 地方公務員法の目的、効力等 (1)

「組織は人なり」といいますが、地方公共団体を支えるのは、日常業務で住民のために汗を流す一人ひとりの地方公務員です。本法は、この地方公務員に関する人事行政を円滑に行うために制定されていますので、まず、この点を押さえてください。

◆地方公務員法の目的（法1条）

根本基準の確立
地方公共団体の人事機関
地方公務員の人事行政
●任用、人事評価、給与、 　勤務時間その他の勤務条件、 　休業、分限・懲戒、服務、退職管理、 　研修、福祉・利益の保護、団体　　　など

●地方公共団体の行政の民主的・能率的な運営

●特定地方独立行政法人の事務・事業の確実な実施
　（右ページ参照）

保　障

◎地方自治の本旨の実現

[地方独立行政法人（地独行法２条①）]

●住民の生活、地域社会・地域経済の安定等、公共上の見地から

その地域での確実な実施が必要な事務・事業

地方公共団体の
直営が不要なもの

●このうち、民間にゆだねた場合に未実施の恐れがあるもの

地方独立行政法人

●効率的・効果的に行わせる目的で地方公共団体が設立する法人

[特定地方独立行政法人（地独行法２条②）]

地方独立行政法人（大学又は大学及び高等専門学校の設置・管理業務を除く）
のうち

●その業務の停滞が住民生活等に直接かつ著しい支障を及ぼす
　又は
●業務運営における中立性・公正性を特に確保する必要がある

●その役員・職員に地方公務員の身分を与える必要がある

特定地方独立行政法人

●地方公共団体が定款で定める地方独立行政法人

◆地方公務員法の効力 (法 2 条)

> 後法優先の原則

地 方 公 務 員 法	優 先

↑　抵　触

地方公務員に関する従前の	｝｝	法令・条例・地方公共団体の規則・地方公共団体の機関の定める規程

[その他、法令解釈上の基本原則]

（異なる法令相互間で解釈が分かれる場合、いずれが優先するかを決定する際の基準）

①上位法令優先の原則
- 上位法令が、その下位法令に優先する原則
  EX：国家行政組織法　＞　消防組織法

②特別法令優先の原則
- 特別法令が、一般法令に優先する原則
  EX：教育公務員特例法　＞　地方公務員法

◆地方公務員制度の法体系

- **組織法**

  地方自治法、地方教育行政の組織及び運営に関する法律、警察法、消防組織法など

- **身分法**

  地方公務員法、地方自治法など

- **特例法**

  教育公務員特例法、地方公営企業法など

◀地方公務員の立場

【憲法 15 条①、②】

● 公務員を選定し、及びこれを罷免することは、国民固有の権利である

● すべて公務員は、全体の奉仕者であって、一部の奉仕者ではない

【憲法 93 条②】

● 地方公共団体の長、その議会の議員及び法律の定めるその他の吏員は、その地方公共団体の住民が、直接これを選挙する

【地方自治法 162 条、172 条②、182 条①、196 条①など】

● 補助機関（副知事・副市町村長、職員等）に対する長の任命権

● 各種行政委員会の委員に対する長の任命権、議会の選挙権

【地方公務員法 36 条、37 条】

● 法の適用を受ける者 　政治的行為の制限　労働基本権の制限 ➡ 基本的人権の制約

● 国民に対する公務員の終局的な選定・罷免権の保障
● 国民の信託を受け、全体に奉仕すべき公務員の職責を宣言
● 公務員の政治的中立性・職務の公共性を明示

2 地方公務員の範囲

この項では、地方公務員とは何かという根本問題について、掘り下げて取り上げています。これを機に、地方公共団体における地方公務員の公的な位置づけを確認できるよう、その性格や特徴について把握しましょう。

◆地方公務員の定義

地方公務員＝ 地方公共団体 の全ての公務員をいう（法2条）

①普通地方公共団体	都・道・府・県 市・町・村
②特別地方公共団体	特別区 地方公共団体の組合 〔一部事務組合・広域連合〕 財産区 （自治法1条の3など）

※上記地方公共団体に勤務していれば、職務の内容や性質は問題にならない

ア　一般職・特別職
イ　常勤職員・非常勤職員
ウ　恒久職・臨時職
エ　吏員・その他の職員（雇用人）
オ　長の補助機関たる職員・行政委員会等の他の任命権者の職員

いずれも含まれる（昭26.1.10通知）

※現在、地方自治法、地方公務員法では、「吏員」という文言は使われていないが、憲法93条には、「吏員」という言葉が使われている。

◆地方公務員であるかどうかの判断基準

❶職務の性質

- その者の従事すべき職務が当該地方公共団体又はその執行機関の事務であるかどうか

→ これ以外の業務に従事している限り

→ それが当該団体により設立された法人の業務であり、又は当該業務の公益性が高い場合でも

その者が地方公務員であることにはならない（平6.10.25東京高裁判）

❷任命行為の有無

- 地方公共団体の公務員として任命行為が行われているかどうか

❸報酬の支払い

- 地方公共団体から勤労の対価として報酬を受けているかどうか

3つの判断基準をいずれも満たす場合

→ 地方公務員と判断することに問題なし

3つの判断基準の一部だけ満たす場合

→ 個々の事例ごとに、目的と実態に即して具体的に判断する

EX1：就任について公選による職（地方公共団体の長、議会の議員）
→選挙結果を受け当然に就任するため任命行為はないが、特別職の地方公務員である（法3条③Ⅰ）

EX2：無報酬の名誉職（民生委員）
→非常勤特別職の地方公務員である（昭26.3.14、昭26.8.27行実）

国

- ある職が国家公務員の職に属するかどうかの決定権は、人事院にあり（国公法2条④）

地方公共団体

- ある職が地方公務員の職に属するかどうかの決定権は、任命権者にありと解されている

3 一般職と特別職（1）

ひと口に「地方公務員」と言っても、身分取扱いや勤務態様がすべて同じというわけではありません。特に、一般職と特別職という大きな分類があり、法適用についても決定的な違いがありますので、両者を明確に判別できるようにしてください。

◆地方公務員の種類

地方公共団体及び特定地方独立行政法人の全ての公務員

➡ 一般職と特別職に分ける（法3条①）

◆一般職

一般職は、特別職に属する職以外の一切の職とする（法3条②）

❶職務内容による分類

ア　一般行政職員

イ　教育公務員

ウ　警察職員

エ　消防職員

オ　企業職員（地方公営企業の補助職員）

カ　単純労務職員　　　　　　　　　　　　　　　　など

➡ ※ア以外は、特例法を規定することが定められている（法57条）

❷勤務形態による分類

常勤職員

➡ 給料、旅費、各種手当を支給する（自治法204条）

非常勤職員

➡ 報酬、費用弁償を支給する（自治法203条の2）

❸「吏員その他の職員」の分類

戦　前
官公吏（公法上の身分を有する公務員） 雇用人（私法上の雇用関係にある者）

継　承

戦　後
憲法（昭 21.11.3 制定）——吏員（憲法 93 条②） 地方自治法（昭 22.4.17 制定）——職員（自治法 172 条①）

整　理

地方公務員法（昭 25.12.13 制定）
地方公共団体の全ての公務員を「地方公務員」として一律に扱う
（法 2 条）

※現行法の中では、下記などの規定がある

- ●長の権限に属する事務の一部に関する委任又は臨時代理
  （自治法 153 条①）　　　　　　　　　➡　職員
- ●会計管理者（自治法 168 条、170 条）　➡　職員
- ●出納員（自治法 171 条②）　　　　　　➡　職員
- ●都道府県の支庁・地方事務所、市町村の支所の長
  （自治法 175 条①）　　　　　　　　　➡　職員
- ●徴税吏員（地税法 1 条①Ⅲ）　　　　　➡　吏員

をもって充てる

3 一般職と特別職 (2)

◆特別職

❶政治職

● 就任について、公選又は地方公共団体の議会の選挙・議決・同意によることを要する職（法3条③Ⅰ）

EX1 （公選）	地方公共団体の長・議会の議員 （憲法93条②、自治法17条） 　　　　　　　　　　　　など

EX2 （議会の選挙）	選挙管理委員会の委員（自治法182条①）

EX3 （議会の議決・同意）	副知事・副市町村長（自治法162条） 監査委員（自治法196条①） 人事委員会・公平委員会の委員 （地公法9条の2②） 教育委員会の教育長、委員 （地教行法4条①②）　など

❷自由任用職

● 成績主義によることなく、任命権者の人的関係や政治的配慮に基づき任用する

ア　地方公営企業の管理者、企業団の企業長（法3条③Ⅰの2）

イ　地方公共団体の長・議長その他地方公共団体の機関の長の秘書の職で条例で指定する者（法3条③Ⅳ）

ウ　特定地方独立行政法人の役員（法3条③Ⅵ）

❸非専務職

- ●生活を維持するために公務に就くのではなく、特定の場合に、一定の学識・知識・経験・技能などに基づいて、随時、地方公共団体の業務に参画する者の職

ア　公選又は議会の議決・同意で就任する者以外で

▶ 法令又は条例、地方公共団体の規則・地方公共団体の機関の定める規程により設けられた委員及び委員会・審議会等の構成員で臨時又は非常勤の者（法3条③Ⅱ）

イ　臨時又は非常勤の顧問・参与・調査員・嘱託員等（法3条③Ⅲ）

※専門的な知識経験又は識見を有する者が就く職であって、当該知識経験又は識見に基づき、助言、調査、診断その他総務省令で定める事務を行う者に限る

EX1：統計調査員（統計法14条）
EX2：臨時又は非常勤の学校医（学校保健安全法23条）

ウ　投票管理者、開票管理者、選挙長、選挙分会長、審査分会長、国民投票分会長、投票立会人、開票立会人、選挙立会人、審査分会立会人、国民投票分会立会人その他総務省令で定める者の職

エ　非常勤の消防団員・水防団員（法3条③Ⅴ）

※法3条における「臨時の職」
= 職自体が恒久ではなく臨時であるものをいい、その限定されている存続期間の具体的長短は問わない（昭28.7.3行実）

◆一般職と特別職の区分

❶区分の意義

- ●地方公務員法の適用関係の決定にあり（法4条）

地方公務員法の規定

▶ ☆一般職に属する全ての地方公務員に適用
★法律に特別の定めがある場合を除き、特別職に属する地方公務員には不適用

EX1：人事委員会又は公平委員会の委員に対する服務規定の全部又は一部準用（法9条の2⑫）
EX2：都道府県公安委員会の委員に対する服務規定の一部準用（警察法42条①）

一般職

- 一般職は、職業的公務員として共通の性格を持つ

  ↓

◎地方公務員法は、一般職の身分取扱いに関する統一法規である

- 地方公務員法では、一般職に属する全ての地方公務員を、「職員」という（法4条①）

※特別職は、地方公務員法に定める「職員」に該当しない

特別職

- 特別職は、職業的公務員ではない
- 政治職、自由任用職、非専務職といった様々な任用形態がある

  ↓

- 身分取扱いを統一的に規律することが困難である

  ↓

- 地方公務員法の規定をそのまま適用することは不可能

❷区分の基準

ア 行政実例から

特別職	恒久的でない職 又は 常時勤務を要しない職	かつ	職業的公務員の職でない

（昭35.7.28 行実）

特別職たる者に、一般職たる者の行う事務の取扱いを兼ねさせている場合

→ その者は、一般職として地方公務員法の全面的適用を受ける
（昭 26.5.10 行実）

イ　理論的な整理

	一般職	特別職
指揮命令関係の有無	任命権者による任命権等に服する（法6条）	自らの判断と責任において、誠実に事務を管理・執行（自治法138条の2）
専務職であるか否か	もっぱら地方公務員としての職務に従事	地方公務員としての職務のほかに、他の職務を有することも妨げられない
終身職であるか否か	原則的に、定年までの勤務を想定	終身勤務は予定されず、一定の任期あり
成績主義の適用の有無	受験成績、人事評価など客観的な能力の実証に基づき任用（成績主義の全面的適用）	選挙、議決、任命権者の信任、特定の知識・経験などにより就任又は任用 （成績主義は必ずしも適用されない）
政治職であるか否か	政治的中立性が要求される	政治的中立性は必ずしも要求されない（むしろ長との関係等で、政治的色合いが濃い場合がある）

4 人事行政に関する意思決定

人事行政は専門性が高く、権力的な側面が強いだけに、かえって民主的なコントロールが重要です。このため、法の精神を尊重することと、議会の関与を意思決定に十分反映させなければならない点に留意しましょう。

◆地方公務員法の尊重と条例による自主規定（法5条①）

地方公務員法

根本基準に従うこと　　　　　　法の精神に反すること不可

①人事委員会又は公平委員会の設置
②職員に適用される基準の実施
③その他職員に関する事項

条　例　で必要な規定を定めること

職員の定数等の組織上の事項に関するものを除くほか、職員の人事行政に関する事項全般に及ぶものと解する（昭 28.4.7 行実）

※法律に特別の定めがある場合を除く

法律が条例以外のものをもって定めるべき旨を規定している場合を指すものと解する（昭 26.11.20 行実）
EX：審査請求の手続等は、人事委員会規則又は公平委員会
　　　規則で定めなければならない（法 51 条）

「法律」とは、地方公務員法を含むすべての法律を指すものと解する（昭 26.12.27 行実）
EX：公立学校の学長の選考は、評議会の議に基づき学長の
　　　定める基準により、評議会が行う（教特法 3 条②）

◖◗人事委員会の関与（法5条②）

人事委員会設置の地方公共団体

議　会
人事行政に関する条例（左ページ参照）
の制定・改廃（議決）

意見聴取
をすること　←　人事委員会

- 人事行政について、住民代表の議会の議決による条例に委ねる
↓
地方公共団体の人事行政の民主的なコントロールを確保

- 条例を議決する議会の審議過程で、人事委員会の意見を聴く
↓
専門機関のチェックにより、人事管理の一定水準を確保

- 職員に関する条例は、地方公務員法に基づくものであれ、他の特例法に基づくものであれ、人事委員会の意見を聞くこと

　　　EX：教育公務員特例法に基づく教育長の給与に関する条例を制定・改廃しようとするときは、議会は、人事委員会の意見を聞くこと（昭28.2.23行実）

※ただし、本条の適用がない企業職員・単純労務職員の給与等の基準に関する条例については、意見聴取を要しない

- 人事委員会の意見は、最終的に議会で聴取しなければならない

　　　EX：人事委員会の意見に基づいて条例を制定・改廃する場合でも、議会で改めて人事委員会の意見を聞くこと（昭27.7.7行実）

- 組織上の事項等、人事委員会の意見を要しない条例がある

　　　EX：職員定数条例の制定・改廃については、議会で人事委員会の意見を聞くことは不要である（昭26.10.20行実）

5 任命権者（1）

法は、職員の任命権を地方公共団体の長だけではなく、各執行機関等に分散させています。これは、過度な権力集中を防ぐとともに、適正規模の監督範囲による能率的な人事行政をも狙いとしていますので、それを担う顔ぶれを覚えておきましょう。

◀任命権者の種類（法6条①）

職　名	対象職員・根拠法
地方公共団体の長	副知事・副市町村長（自治法162条）、 会計管理者（自治法168条②）、 出納員その他の会計職員（自治法171条②）、 職員（自治法172条②）、 監査委員（自治法196条①）、 教育委員会の教育長、委員（地教行法4条①②）、 人事委員会・公平委員会の委員（法9条の2②）、 地方公営企業の管理者（地公企法7条の2①）
議会の議長	議会の事務局長、書記長、書記その他の職員 （自治法138条⑤）
選挙管理委員会	選挙管理委員会の書記長、書記その他の職員 （自治法193条）
代表監査委員	監査委員の事務局長、書記その他の職員 （自治法200条⑤）

職　名	対象職員・根拠法
教育委員会	教育委員会事務局の指導主事・事務職員・技術職員・その他の職員、所管に属する学校その他の教育機関の校長・園長・教員・事務職員・技術職員・その他の職員、県費負担教職員 （地教行法 18 条⑦、34 条、37 条）
人事委員会・ 公平委員会	人事委員会・公平委員会の事務職員 （法 12 条⑦）
警視総監・ 道府県警察本部長	都道府県警察の警視正以上の者を除く他の職員 （警察法 55 条③）
市町村の消防長 （特別区が連合して 維持する消防の消防 長を含む）	消防長以外の消防職員 ※市町村の消防長は市町村長、特別区の消防長は都知事が任命する（消組法 15 条①、27 条②）
その他法令又は 条例に基づく 任命権者	各法令又は条例による

◪人事機関の構造

●地方公共団体の人事機関

勧告・判定等、チェック機能の行使

| 任 命 権 者 | ← | 人事委員会・公平委員会 |

直接、人事権を行使　　　　　　　　　　　措置要求・
　　　　　　　　　　　　　　　　　　　　審査請求等

職 員

ワンポイント・アドバイス

なぜ人事機関として、任命権者と並立で人事委員会・公平委員会が置かれるのか？

①人事行政の厳正な執行体制の確立
　➡　法の目的（地方公共団体の行政の民主的かつ能率的な運営）
　　　を実現するため

②人事行政の専門性の確保
　➡　膨大な法体系を駆使した高度な人事管理技術を要するため

③公務員の特殊な身分取扱いへの対応
　➡　公務従事者としての権利と身分を公正・中立に保障する必要
　　　があるため

◘任命権者の分立と調整

●地方公共団体の任命権

長だけではなく、各執行機関等に分立している

➡ 相互の牽制と権限の分散化を図り、独断専行を抑制

●長の総合調整権（自治法 138 条の 3、180 条の 4）

➡ 任命権者間の人事権行使を調整し、均衡を図る

◘任命権者の権限（法 6 条①）

●それぞれの職員の任命、人事評価、休職、免職、懲戒等を行う権限を有する

※法律に特別の定めがある場合を除く

地方公務員法並びにこれに基づく条例・規則・規程に従うこと

★人事評価…… 任用、給与、分限その他の人事管理の基礎とするために、職員がその職務を遂行するに当たり発揮した能力及び挙げた業績を把握した上で行われる勤務成績の評価をいう

◘任命権者の権限の委任（法 6 条②）

任 命 権 者 の 権 限

補助機関 たる上級の地方公務員

一部を委任することが可

当該任命権者の指揮監督を受ける地方公務員
（一般職・特別職を問わない）

➡ 任命権の委任を受けた者が、さらに他の者にその権限を委任すること（複委任）は不可（昭 27.1.25 行実）

6 人事委員会・公平委員会（1）

人事委員会・公平委員会は、任命権者と並んで地方公共団体を支える人事機関になります。この２つの委員会には、共通の権限事項と人事委員会にしかない権限事項がありますので、間違いのないよう確実に記憶することが必要です。

◪人事委員会・公平委員会の特徴

設置の趣旨 （法１条、７条）	地方自治の本旨の実現 ↓ 地方公共団体行政の民主的・能率的な運営 特定地方独立法人の事務・事業の確実な実施 }}の保障 ↓ 人事委員会・公平委員会の設置
合議制 （法９条の２①）	地方公共団体の規模（人口）の大小に係わらず、一律に３人である
独立性 （法９条の２ ②、⑥、⑦）	地方公共団体の長から独立した地位 ●長の恣意的な選任を排除（議会の同意を規定） ●罷免事由を限定、罷免手続を厳格化
中立性 （法９条の２ ④、⑤、⑨、⑫）	特定政党への偏りを防止 ●２人以上の同一政党所属の禁止 　兼職の禁止（一部除外又は特例規定あり） ●地方公共団体の議会の議員、当該団体の地方公務員を兼ねること不可（40ページ参照） 法36条（政治的行為の制限）の適用
専門性 （法９条の２②、 12条）	委員の選任 ●委員は、人格高潔、地方自治の本旨及び民主的・能率的な事務処理に理解があり、かつ人事行政に関し識見を有する者のうちから選任 事務局等の設置 ●事務局、事務局長、事務職員など専門スタッフが置かれる

◆人事委員会・公平委員会の設置（法7条①～③）

地方公共団体の種別	設置すべき形態
① 都道府県	条例で、人事委員会を設置すること
② 指定都市	
③ ②以外の人口15万以上の市	条例で、人事委員会又は公平委員会を設置すること
④ 特別区	
⑤ 人口15万未満の市町村	条例で、公平委員会を設置すること
⑥ 地方公共団体の組合	

※財産区は職員不在なので、人事委員会・公平委員会の設置規定がない

※人口とは　　ア　官報で公示された最近の国勢調査
又は
イ　アに準ずる人口調査　　の結果による

◆公平委員会の共同設置・事務処理の委託（法7条④）

●公平委員会を置く地方公共団体（A）

公平委員会を置く他の地方公共団体（B）と共同して、公平委員会の設置が可
他の地方公共団体（C）の人事委員会に委託して、公平委員会の事務処理が可

➡　いずれも、関係地方公共団体の議会の議決を経て定める規約による

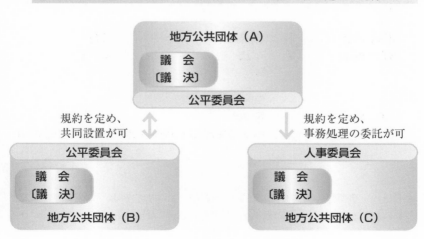

☆公平委員会の共同設置

地方自治法に規定する機関等の共同設置（自治法 252 条の 7）の特則である

➡ 法 7 条で定める事項以外は、原則として地方自治法の規定を適用する

機関等の共同設置（自治法 252 条の 7 ～ 13、自治令 174 条の 19）

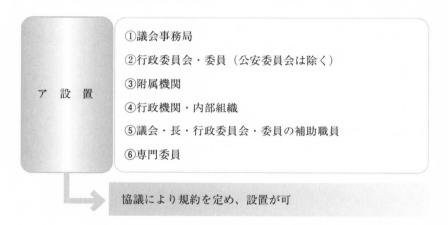

ア　設置

①議会事務局

②行政委員会・委員（公安委員会は除く）

③附属機関

④行政機関・内部組織

⑤議会・長・行政委員会・委員の補助職員

⑥専門委員

協議により規約を定め、設置が可

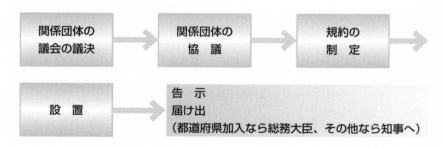

イ　設置の手続

| 関係団体の議会の議決 | → | 関係団体の協議 | → | 規約の制定 | → |

| 設置 | → | 告示
届け出
（都道府県加入なら総務大臣、その他なら知事へ） |

※その他、機関等の共同設置についての詳細は、本書姉妹書『完全整理　図表でわかる地方自治法』（学陽書房）を参照のこと

◆人事委員会の権限（法 8 条①）

① 人事行政の調査、人事記録の管理、その他統計報告の作成
② 人事評価、給与、勤務時間その他の勤務条件、研修、厚生福利制度
　その他職員制度の研究・成果の提出
　（→議会若しくは長又は任命権者）
③ 人事機関・職員に関する条例の制定・改廃に関する意見陳述
　（→議会及び長）
④ 人事行政の運営に関する任命権者への勧告
⑤ 勤務条件に関し講ずべき措置に関する勧告
　（→議会及び長）
⑥ 競争試験・選考の実施、事務処理
⑦ 給与支払いの監理
⑧ 勤務条件に関する措置要求の審査・判定・必要措置の実施
⑨ 審査請求に対する裁決
⑩ ⑧、⑨を除くほか、職員からの苦情の処理
⑪ ①〜⑩を除き法律又は条例に基づき権限とされた事務

◆公平委員会の権限（法 8 条②）

① 勤務条件に関する措置要求の審査・判定・必要措置の実施
② 審査請求に対する裁決
③ ①、②を除くほか、職員からの苦情の処理
④ ①〜③を除き法律に基づき権限とされた事務

※条例での定めにより、競争試験・選考の実施、事務処理を行うこととする
　ことが可（法 9 条①）

6 人事委員会・公平委員会 (3)

◆人事委員会・公平委員会の比較

	人事委員会	公平委員会
設置の対象	大規模で、職員数が多い地方公共団体	原則として小規模で、職員数が少ない地方公共団体 ※地方公共団体の組合は、加入する地方公共団体の数、派遣職員数により、規模が大きくなる可能性がある
行使できる権限	幅広い権限を行使 ①行政的権限 　ア 33ページ「人事委員会の権限」の①～⑦、⑩（法8条①） 　イ 採用候補者名簿の作成・提示（法21条） 　ウ 条件付採用期間の延長（法22条）、臨時的任用の承認・取消（法22条の3①、③） 　エ 労働基準監督機関の権限行使（法58条⑤） 　オ 職員団体の登録・登録効力の停止・取消、解散の届出の受理（法53条⑤、⑥、⑩） ②準司法的権限 　ア 33ページ「人事委員会の権限」の⑧、⑨（法8条①） 　イ 職員団体の効力停止又は登録取消（法53条⑥）	限定された権限を行使 ①行政的権限 　ア 33ページ「公平委員会の権限」の③（法8条②） 　イ 職員団体の登録・登録効力の停止・取消、解散の届出の受理（法53条⑤、⑥、⑩） ②準司法的権限 　ア 33ページ「公平委員会の権限」の①、②（法8条②） 　イ 職員団体の効力停止又は登録取消（法53条⑥）

	人事委員会	公平委員会
行使できる権限	③準立法的権限 人事委員会規則の制定権 （法8条⑤） ア委員会の議事手続等 （法11条⑤） イ勤務条件の措置要求に 関する審査・判定の手 続・措置 （法48条） ウ審査請求の手続・措置 （法51条） エ管理職等の範囲の決定 （法52条④） オ人事委員会が委任する 権限の範囲の決定 （法8条③） カ任命方法の基準の決定 （法17条②） キ選考によることができ る採用に関する規則の 制定（法17条の2①） ク職制の改廃により離職 した職員の復職要件等 の決定（法17条の2③） ケ受験資格の要件の決定 （法19条） コ採用候補者名簿の作 成・採用に関する規則 の制定 （法21条⑤） など	③準立法的権限 公平委員会規則の制定権 （法8条⑤） ア委員会の議事手続等 （法11条⑤） イ勤務条件の措置要求に 関する審査・判定の手 続・措置 （法48条） ウ審査請求の手続・措置 （法51条） エ管理職等の範囲の決定 （法52条④） ※条例での定めにより、競 争試験・選考の実施、事 務処理を行う場合は、こ れに関係する権限が付与 される （法9条①）

◆人事委員会・公平委員会の判定に対する出訴 (昭27.1.9 行実)

```
┌─────────────────────────────┐
│   人事委員会・公平委員会の判定   │
└─────────────────────────────┘
```

①不服があっても、任命権者
　その他地方公共団体の機関
　から出訴することは不可

②職員の側から出訴し、原判
　定が取り消された場合は、
　地方公共団体は控訴（応訴）
　することが可

※詳しくは、177 ページを参照されたい

◆抗告訴訟の取扱い (法8条の2)

```
┌─────────────────────────────┐
│     人事委員会・公平委員会      │
└─────────────────────────────┘
```

人事委員会・公平委員会の行政事件訴訟法の規定による地方公共団
体を被告とする訴訟について

当該地方公共団体を代表する

◆人事委員会・公平委員会の規則制定権等

❶人事委員会規則・公平委員会規則の制定権（法8条⑤）
- 法律又は条例に基づく権限事務に関し、規則の制定が可

❷調査権（法8条⑥）
- 法律又は条例に基づく権限事務に関し、　　　　　　　　　可

証人喚問
書類又はその写の提出要求

❸協定締結権（法8条⑦）

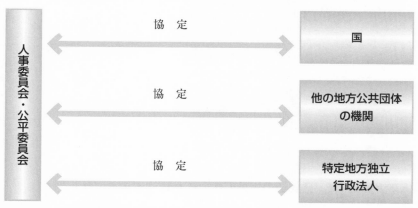

協　定　国

協　定　他の地方公共団体の機関

協　定　特定地方独立行政法人

人事委員会・公平委員会

人事行政に関する技術的・専門的知識、資料
その他便宜の授受のため、協定締結が可

❹審査権（法8条⑧、⑨）
- 勤務条件に関する措置要求の審査・判定・必要措置の実施
- 審査請求に対する裁決

→ 人事委員会規則又は公平委員会規則の定める手続により、
人事委員会又は公平委員会によってのみ審査される

→ 法律問題につき出訴する権利には、影響を及ぼさない

◆人事委員会の権限委任 (法 8 条③)

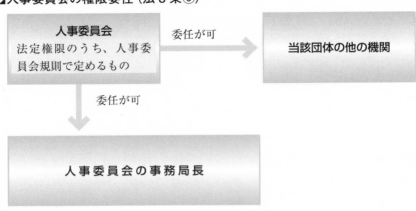

人事委員会
法定権限のうち、人事委員会規則で定めるもの

委任が可 →　**当該団体の他の機関**

委任が可 ↓

人事委員会の事務局長

委任できる権限

- 人事行政の調査、人事記録の管理、その他統計報告の作成
- 職員制度の研究・成果の提出
- 競争試験・選考の実施、事務処理
- 給与支払いの監理
- その他法律又は条例に基づき権限とされた事務

◆人事委員会・公平委員会の権限委任 (法 8 条④)

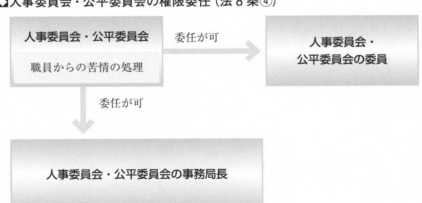

人事委員会・公平委員会

職員からの苦情の処理

委任が可 →　**人事委員会・
公平委員会の委員**

委任が可 ↓

人事委員会・公平委員会の事務局長

※事務局長は、人事委員会から委任された権限を再委任することは不可
（昭 27.1.25 行実）

◑人事委員会・公平委員会の組織

委員数	3人（法9条の2①）
選任方法	長が議会の同意を得て選任（法9条の2②）
資　格	①人格高潔、地方自治の本旨及び民主的・能率的な事務処理に理解があり、かつ人事行政に関し識見を有する（法9条の2②） ②2人以上が同一政党に属さないこと（法9条の2④） ※2人以上が同一政党に属することになった場合 ➡　1人を除く他の者は、長が議会の同意を得て罷免すること（法9条の2⑤） （政党所属に異動なしの者の罷免は不可）
任　期	4年（法9条の2⑩）
勤務形態	人事委員会の委員＝常勤又は非常勤 公平委員会の委員＝非常勤　　　　　（法9条の2⑪）
除斥制度の適用	なし／委員の配偶者その他の親族と関係ある事案について、当該委員を除斥する等の定めを委員会規則で定めることは、法9条（現9条の2）・11条の趣旨に鑑み、許されないことは明らかである（昭26.6.20行実）
欠格又は失職事項	①欠格条項（法16条Ⅰ） ●禁錮以上の刑に処せられ、その執行を終わるまで又はその執行を受けることがなくなるまでの者 欠格条項（法16条Ⅱ） ●当該地方公共団体で懲戒免職処分を受け、処分日から2年を経過しない者 欠格条項（法16条Ⅳ） ●日本国憲法施行日以後、日本国憲法又はその下に成立した政府の暴力破壊を主張する政党その他の団体を結成又は加入した者 ②法60〜63条の罰則に処せられた者（法16条Ⅲ） ➡　①又は②の者は、委員になること不可（法9条の2③） ③2人以上の同一政党所属（上記「資格」の欄参照） ④心身の故障のため職務遂行に堪えない（法9条の2⑥） ⑤委員たるに適しない非行がある（法9条の2⑥） ➡　④又は⑤の者は、長が議会の同意を得て罷免が可 ※ただし、議会の常任委員会又は特別委員会で公聴会を開くこと（法9条の2⑥）

欠格又は失職事項	☆③〜⑤の場合を除き、委員はその意に反し罷免されることはない（法9条の2⑦） ⑥欠格条項（法16条Ⅰ） ●禁錮以上の刑に処せられ、その執行を終わるまで又はその執行を受けることがなくなるまでの者 ➡️ ⑥の者は委員になること不可（法9条の2③） 欠格条項（法16条Ⅲ） ●人事委員会又は公平委員会の職にあって、法60〜63条の罪（罰則）を犯し、刑に処せられた者 欠格条項（法16条Ⅳ） ●日本国憲法施行日以後、日本国憲法又はその下に成立した政府の暴力破壊を主張する政党その他の団体を結成又は加入した者　➡️　⑥の者は、失職（法9条の2⑧）
兼職禁止	①地方公共団体の議会の議員 ②当該地方公共団体の地方公務員 ※ただし、執行機関の附属機関の委員その他の構成員の職は除く（法9条の2⑨） ●公平委員会の事務処理委託を受けた団体の人事委員会の委員は、他団体に公平委員会の事務処理委託をした団体の地方公務員との兼職が不可（法9条の2⑨） ★下図参照

A 地方公共団体の公平委員会の事務処理委託を受けた
B 地方公共団体の人事委員会の委員は、
D 地方公共団体のように、自らの公平委員会の事務処理を
他団体（例えば C 地方公共団体）に委託した団体
の地方公務員の職を兼ねることが不可

A 地方公共団体	事務処理委託	B 地方公共団体
公平委員会	→	委員　人事委員会

兼職不可

C 地方公共団体	事務処理委託	D 地方公共団体
人事委員会	←	公平委員会

地方公務員法の準用	①法 30 ～ 38 条の服務規定は、常勤の人事委員会の委員に準用 ②法 30 ～ 34 条、36 条、37 条の服務規定は、非常勤の人事委員会の委員・公平委員会の委員にそれぞれ準用 （法 9 条の 2 ⑫） 30 条　　服務の根本基準 31 条　　服務の宣誓 32 条　　法令等及び上司の職務上の命令に従う義務 33 条　　信用失墜行為の禁止 34 条　　守秘義務 35 条　　職務専念義務 36 条　　政治的行為の制限 37 条　　争議行為等の禁止 38 条　　営利企業への従事等の制限

競争試験等を行う公平委員会

2004（平成 16）年の法改正で、公平委員会の権限が下記のように拡充された

（公平委員会の権限の特例等）
法 9 条 1 項
　公平委員会を置く地方公共団体は、条例で定めるところにより、公平委員会が、第 8 条第 2 項各号に掲げる事務のほか、職員の競争試験及び選考並びにこれらに関する事務を行うこととすることができる

条例での定めにより、競争試験・選考の実施、事務処理を行う公平委員会のことを、法上では「競争試験等を行う公平委員会」と略記している

◆人事委員会・公平委員会の委員長 (法10条)

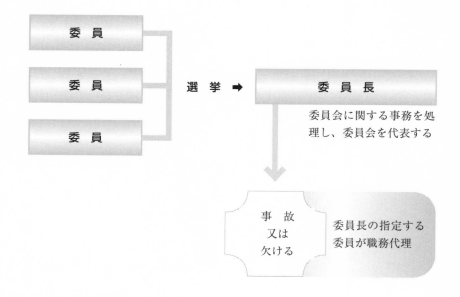

◆人事委員会・公平委員会の議事 (法11条)

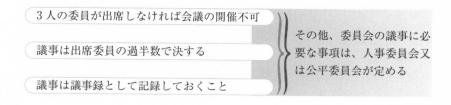

- ●会議を開かなければ公務運営又は職員の福祉・利益の保護に著しい支障が生じる場合 ➡ 2人の委員の出席で、開催が可

※委員会の会議で決定すべき事項を、会議を招集することなく、持ち回りによって決定することは不可
（昭34.3.27行実）

◆事務局・事務職員（法12条）

［人事委員会］

下記の❶〜❸を置くこと

❶事務局

- ●組織は、人事委員会が定める

❷事務局長

- ●委員に兼ねさせることが可
- ●人事委員会の指揮監督を受け、局務を掌理する

公平委員会の事務局長にも準用する

- ●指定都市以外の人口15万以上の市又は特別区　で人事委員会設置の団体は、事務局を置かず、事務職員を置くことが可

❸その他の事務職員

［公平委員会］

- ●事務職員を置く

　※公平委員会に事務局を置くことは、法律の予想するところではない（昭40.10.6行実）

ただし2004（平成16）年の法改正で、競争試験等を行う公平委員会には、事務局・事務局長・その他の事務職員を置くことが可になった

☆事務職員

任　免	人事委員会又は公平委員会がそれぞれ行う
定　数	条例で定める

7 平等取扱い・情勢適応の原則 (1)

平等取扱いの原則は、憲法の理念とも連動するため、これと併せて理解するとよいでしょう。また、情勢適応の原則は、民間等の実状を踏まえ、勤務条件の維持向上を図ることが趣旨ですので、間違えないよう理解してください。

◆平等取扱いの原則 (法 13 条)

憲法 14 条 1 項
すべて国民は、法の下に平等であって、人種、信条、性別、社会的身分、門地により、政治的、経済的又は社会的関係において、差別されない

☆法 13 条
全て国民は、この法律の適用について、平等に取り扱われること

外国人は含まない (昭 26.8.15 行実)
日本国籍を有しない者を公権力の行使又は地方公共団体の意思決定に参画する職に任用することは不可 (昭 28.3.25 法制意見)

一般的な解釈
公権力の行使・企画・決定に当たる職員及び将来そのような職務を担当することが予想される職員として、外国人を任用することは不可

※注　意

憲法・法律にいう「平等」とは、「絶対的平等」、「画一的平等」を意味しているわけではなく、法が基本的平等の原則の範囲内において、各人の年齢、自然的素養、職業、人と人との間の特別の関係等の各事情を考慮して、道徳、正義、合目的性等の要請により、適当な具体的規定をすることを妨げるものではない (昭 25.10.11 最裁判)

☆ 法13条では、下記事項についても、定めている
（全てにおいて「差別不可」）

①人　種	人間の人類学上の区分であり、国籍や民族とは異なる概念
②信　条	宗教上の信仰であり、政治上・道徳上の主義・信念を含む
③性　別	男女の別 　性別による違いが意味を持たないような、合理的な理由に乏しい区分は不可 　EX：勧奨退職制度の退職年齢について、 　　　行政職の男子と女子で10歳も異にする区別は、合理的理由があるとの証拠はないので、違法である 　　　（平13.1.15地裁判） 改正男女雇用機会均等法の施行（平成11.4.1）以降、募集・採用の機会の付与、配置・昇進・教育訓練の取扱いにおける男女差別は禁止されている ※ただし、守衛や警備員等防犯上の要請から男性に従事させることが必要な職については適用除外になる
④社会的身分	資本家・労働者・学生等、広く人が社会において占める地位を指す
⑤門　地	生まれ、家柄など
⑥政治的意見	政治に関する具体的な見解
⑦政治的所属関係	政治団体に所属し、又は所属しないこと

⑥、⑦に関しては、法16条（欠格条項）4号に規定する場合を除く
●日本国憲法施行日以後、日本国憲法又はその下に成立した政府の暴力破壊を主張する政党その他の団体を結成又は加入した者
➡　これに該当すれば、平等取扱いの対象にはならない

平等取扱い・情勢適応の原則 (2)

◆情勢適応の原則 (法14条)

　地方公共団体

地方公務員法に基づく給与・勤務時間その他の勤務条件

└──→ 社会一般の情勢に適応するよう、随時、適当な措置を講じること
　　　➡人事委員会は随時、講ずべき措置について、議会及び長に勧告が可

☆官民労働者の比較

　民間労働者

● 憲法28条（労働基本権）の完全保障

└──→ 「勤労者の団結する権利及び団体交渉その他の団体行動をする権利は、これを保障する」

労働基本権 （勤労基本権）	①団結権 ②団体交渉権（団体協約締結権を含む） ③団体行動権（争議権）

● 契約自由の原則

└──→ 「労働条件は、労働者と使用者が、対等の立場において決定すべきものである」（労基法2条①）

　地方公共団体の職員

● 労働基本権の制限

└──→ 警察・消防職員は、労働基本権のすべてがない（法37条、55条②等）
その他の職員は、企業職員・単純労務職員を除き、団体協約締結権・争議権がない（法37条、55条、地公企労法附則⑤等）

　　　↓

情勢適応の原則　＝　労働基本権の制限に対する代替措置

● 給与決定等方式の制約

└──→ 給与・勤務時間その他の勤務条件は、法律及び条例で決定される
（法24条、25条）　＝　勤務条件法定主義

　　　↓

情勢適応の原則　＝　勤務条件の弾力的管理

※地方公共団体のそれぞれの機関が、社会情勢の変化に応じた適時適切な措置をとることを期待している

☆「社会一般の情勢」

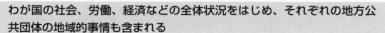

わが国の社会、労働、経済などの全体状況をはじめ、それぞれの地方公共団体の地域的事情も含まれる

①職員の給与

→ 生計費、国・他の地方公共団体の職員・民間事業従事者の給与その他の事情を考慮して定めること（法 24 条②）

②給与以外の勤務条件

→ 国・他の地方公共団体の職員との間に権衡を失しないように適当な考慮が払われること（法 24 条④）

☆「適当な措置」

職員の勤務条件の決定に係わる地方公共団体の各機関が行う措置

①地方公共団体の長

→ 勤務条件に関する条例改正案の策定、予算措置の実施

②議　会

→ 長が提出する議案の審議・議決

③人事委員会

→ 条例案に対する意見の申出、給料表に関する勧告、勤務条件に関する措置要求についての適切な審査

注意

情勢適応の原則　＝　地方公務員の利益擁護の立場から規定されている条項

↓

「民間労働者並みに給与等の勤務条件を厳しくするよう求めている」との解釈は、正しいとは言えない

情勢適応の原則　＝　地方公共団体の努力義務

↓

違反した場合でも、罰則の適用はない

8 任用の根本基準

公平・公正な人事行政を行う上で、成績主義による任用は大原則になります。この考え方は、職員の仕事における能力のみを尺度にしており、情実が入りやすい個々のパーソナリティーは問題になりません。また、その適用には厳格性が求められます。

◪任用の意味

> ● 任用とは ➡ 任命権者が特定の人を特定の職員の職に就けること

[地方公務員法の用語]

> 任 用（法15条など）
> ● 職員が職に就く及び引き続き就いていることに重点
>
> 任 命（法6条①、17条①など）
> ● 職員を職に就かせる権限及びその行使に重点
>
> ➡ どちらも本質的な差異はない

◪成績主義（メリット・システム）の原則

> 職員の任用 ➡ 地方公務員法の定めるところにより、受験成績、人事評価その他の能力の実証に基づいて行うこと（法15条）

❶人材の確保と育成

優秀な人材を得て、それを優れた職員として育てる
（競争試験又は選考による幅広い人材の選抜・登用）

↓

少数精鋭主義による公務能率の増進

↓

地方公共団体の効率的な行財政運営の推進

❷人事の公正の確保

<u>猟官主義（スポイルズ・システム）</u>の排除

縁故や個人的なつながり、信頼関係に基づく情実的な任用

特別職ではない限り、公務員の任用に政治的な介入や上司等の恣意が入ると弊害が大きい

近代的地方公務員制度は、成績主義（メリット・システム）を徹底

☆能力の実証

①受験成績	人事委員会設置団体、競争試験等を行う公平委員会設置団体（法17条の2①、21条の4①） ●採用は、競争試験によること 　ただし、人事委員会規則又は公平委員会規則で定める場合には、選考によることを妨げない ●昇任は、競争試験又は選考によること 人事委員会非設置団体（法17条の2②、21条の4①） ●採用・昇任は、競争試験又は選考によること
②人事評価	任命権者は職員の執務について、定期的に人事評価を実施すること（法23条の2①） ↓ ●任用、給与、分限その他の人事管理の基礎として活用する（法23条②） ●人事評価の結果に応じた措置を講じること（法23条の3）
③その他の能力の実証	教員、医師、薬剤師、看護師、保健師、自動車運転手など法律に基づく免許制度がある場合に、その免許を有すること、あるいは特定の職務に関して一定の勤務経歴を有すること、一定の学歴を有すること等公務遂行能力を有すると認めるに足る客観的な事実があることをいう

※競争試験等を行う公平委員会……41ページを参照のこと

9 任命の方法（1）

地方公共団体の組織運営は、人事行政の流れの上で動いていると言えるでしょう。特に、近代公務員制度は、「職に人を就ける」という考えのもとで職員の任命を行っており、適時・適切な管理をしていかなければなりません。

◪任命の方法（法 17 条）

[職員に欠員が生じた場合]

※人事委員会及び競争試験等を行う公平委員会（41 ページ参照）は、いずれの任命方法によるべきかの一般的基準を定めることが可

◪各種任命（任用）の方法

❶選考による採用・昇任（法 21 条の 2 ①、②、21 条の 4 ⑤）

● 選考の目的……標準職務遂行能力及び適性を有するかを正確に判定すること

● 選考による職員の採用又は昇任……任命権者が、人事委員会等が行う選考合格者の中から行う

❷昇任の方法（法 21 条の 3）

● 任命権者が、職員の受験成績、人事評価その他の能力の実証に基づき、標準職務遂行能力及び適性を有する者の中から行う

❸降任の方法（21 条の 5 ①）

● 任命権者が、職員の人事評価その他の能力の実証に基づき、標準職務遂行能力及び適性を有する職に任命する

❹転任の方法（21 条の 5 ②）

● 任命権者が、職員の人事評価その他の能力の実証に基づき、標準職務遂行能力及び適性を有する者の中から行う

◆法定されている用語の定義 (法 15 条の 2)

用　語	定　義
①採　用	職員以外の者を、職員の職に任命すること（臨時的任用を除く）
②昇　任	職員を、その職員が現に任命されている職より上位の職制上の段階に属する職員の職に任命すること
③降　任	職員を、その職員が現に任命されている職より下位の職制上の段階に属する職員の職に任命すること
④転　任	職員を、その職員が現に任命されている職以外の職員の職に任命することで、上記②、③に該当しないもの
⑤標準職務遂行能力	職制上の段階の標準的な職の職務を遂行する上で発揮することが求められる能力として、任命権者が定めるもの

※ 1　⑤の標準的な職は、職制上の段階及び職務の種類に応じ、任命権者が定める

※ 2　長及び議長以外の任命権者は、標準職務遂行能力及び⑤の標準的な職を定めようとするときは、あらかじめ長に協議すること

> ### 注　意 !
>
> 地方公務員法では、一般職に属する全ての地方公務員を「職員」という〔特別職は、地方公務員法に定める「職員」に該当しない〕（法 4 条）

[その他の任命上の用語と条例との関係]

配置換	任命権者を同じくする職で、現に保有する職と同等の職へ任用する
併　任	現に任用されている職員をその職を保有したまま他の職に任用すること

これらは、昇任・降任・転任に含まれるので、
条例で制度を創設する必要はない（昭 27.9.30 行実）

[その他の主な任命上の用語]

兼　職 （兼　務）	●併任と同義語である ●人事委員会・公平委員会の委員をはじめ、地方公共団体の長、議会の議員などには、兼職禁止が法定されている
充て職	●一定の職にある職員を他の一定の職をも占めさせること ●兼職のように、兼ねる職についての発令行為を要さず、本来の職に発令されることにより、自動的に他の一定の職を兼職することになる（昭 29.5.11 行実） ●自動的に行い得る範囲（同一地方公共団体内）でのみ可
事務従事	●職務命令に基づき、職員を他の職務に従事させること
事務取扱い	●ある職員の職が欠員になった場合又は海外出張や病気などの場合で、暫定的にその職の事務を行うこと
事務心得	●本来、ある職になるのに必要な資格を満たさない者を、その職に暫定的に就かせること
出　向	●職員を他の任命権者の機関の職に就かせることなどのこと
派　遣	●出向とほぼ同義語である

◘任命の条件

❶条件付採用

- ●職員の採用は全て条件付である（法 22 条①）
- ➡　このように、任命の条件が法定されている場合以外には、任命権者が任意に条件を付すことはできないと解されている

❷採用内定の扱い

採用内定通知

- ●採用発令の手続を支障なく行うための事実上の行為に過ぎない
- ➡　採用内定の取消しは、行政行為には該当せず、抗告訴訟の対象にはならない（昭 57.5.27 最裁判）

❸身元保証

- 職員を採用する際に身元保証人を置き、身元保証書を提出させることは、職員の任用上の制限とならず、かつ、平等取扱いの原則（法13条）に抵触しない限り差し支えない
  ※ただし、身元保証に関する法律に抵触してはならない（昭30.6.16、昭33.8.5行実）
- ➡ 身元保証を行うことを任命の条件にすることは不可

◆任命の期限

臨時的任用 ……期限（6か月）が法定されている（法23条の3①）
正式任用 ………一般的には期限の定めはない

- 恒久職への職員の任用は、特別の事情がない限り、その期間を限定せずして行われるべきものである（昭29.3.1行実）
- 臨時的任用を除き、一般職員の任用につき、任期を限って採用することは、労働基準法14条（契約期間等）に違反しない限り可（昭27.11.24行実）

「地方公共団体の一般職の任期付職員の採用に関する法律」（平14法48）の成立以来、任用・勤務形態の多様化・柔軟化が進んでいる

◆任命の方式

- 職員の任命 ＝ 要式行為であるか否か、法律上の定めはない
  分限処分・懲戒処分のように、手続を定める条例に基づき、必ず文書（辞令）を交付しなければならない決まりはない

  ➡ ※ただし、発令行為自体は必要である
    公務員が辞職を申し出ても、免職の発令をしない限り、その身分は存続するが、特別の理由のない限り、相当期間内に辞職を承認すべきものと解する（昭28.9.24行実）

◀任命方法の運用

- 条例定数を超える任用行為は、当然に無効と言えないが、取消しうべき行為に該当するので、直ちに取り消すべきである（昭 42.10.9 行実）

- 定数条例に定める職員の定数に欠員のない場合には、併任することは不可（昭 31.7.18 行実）

- 転任処分は、他に特段の事情の認められない限り、不利益を伴うものでなく、その取消しを求める法律上の利益はない（昭 61.10.23 最裁判）

- 企業局から知事部局への出向について、当該職員の同意は必要でない（昭 42.11.9 行実）

◀復職の資格要件等（法 17 条の 2 ③）

人事委員会設置団体——人事委員会

人事委員会非設置団体——任命権者

正式任用された職員　　職制若しくは定数の改廃又は予算の減少に基づく廃職又は過員　→　離職

復職する場合の資格要件、採用手続、採用の際の身分に関し、必要事項の規定が可

0 欠格条項 (1)

地方公共団体は、住民からの負託を受けて行政運営をしています。したがって、そこで働く公務従事者には、住民からの確固たる信頼性が求められ、不適格な者に対しては、厳しい排除の規定が取られています。これが欠格条項です。

◆欠格条項の種類 (法16条)

- ●次の各号のいずれかに該当する者は、条例で定める場合を除き、職員となり、又は競争試験若しくは選考を受けることが不可

欠格条項	②第1号
	●禁錮以上の刑に処せられ、その執行を終わるまで又はその執行を受けることがなくなるまでの者
	③第2号
	●当該地方公共団体で懲戒免職処分を受け、処分日から2年を経過しない者
	④第3号
	●人事委員会又は公平委員会の委員の職にあって、法60〜63条の罪（罰則）を犯し、刑に処せられた者
	⑤第4号
	●日本国憲法施行日以後、日本国憲法又はその下に成立した政府の暴力破壊を主張する政党その他の団体を結成又は加入した者

※かつて第1号に明記されていた「成年被後見人」「被保佐人」の規定は、成年被後見人等の権利の制限に係る措置の適正化を図るための関係法律の整備に関する法律（令和元年法律33号）の施行により削除された

10 欠格条項 (2)

「禁錮以上の刑」

死刑、懲役、禁錮の刑をいう（刑法9条、10条①）

[刑の種類と重さ（刑法11～19条）]

主刑	①死刑	刑事施設内において、絞首して執行する
	②懲役	刑事施設に拘置して所定の作業を行わせる
	③禁錮	刑事施設に拘置する
	④罰金	1万円以上とする
	⑤拘留	1日以上、30日未満とし、刑事施設に拘置する
	⑥科料	千円以上、1万円未満とする
付加刑	⑦没収	犯罪行為を組成した物等を没収することが可

「刑に処せられ、その執行を終わるまでの者」

刑の言渡しを受け、その刑が確定してから刑の執行が終わるまでの期間内にある者

「その執行を受けることがなくなるまでの者」

刑の言渡しを受けたにも係わらず、その執行を受けず時効が完成しない者、仮出獄中の者、刑の執行猶予中の者

欠格条項第1号　| 憲法14条1項（法の下の平等）
地方公務員法13条（平等取扱の原則） | 違反には当たらない

禁錮以上の刑に処せられた者が地方公務員として公務に従事

⬇

その者の公務に対する住民の信頼が損なわれる

⬇

当該地方公共団体の公務一般に対する住民の信頼が損なわれるおそれ

⬇

かかる者を公務の執行から排除し、公務に対する住民の信頼を確保する

⬇

憲法14条1項、地方公務員法13条には違反しない（平元1.17最裁判）

欠格条項第1号に基づく失職の効果

➡ 禁錮以上の刑に処せられたことにより発生する
（任命権者の行政処分により発生するものではない）

➡ 行政処分における公正な手続の要請は、考慮する余地がない
（そもそも、行政処分ではなく、刑に処せられたことにより自動的に失職するものであるため）（平元1.17最裁判）

懲戒免職処分を受け、2年を経過しない者

➡ 当該地方公共団体の職員　　➡　　なることは不可

（昭26.2.1行実）

➡ 当該地方公共団体以外の職員　➡　　なることは可

★「2年」という制約があるのは、当該地方公共団体のみである。
また、分限免職処分については、2年という規定はない

[県費負担教職員の特例（地教行法47条）]

	任命権者	身分の所属
一般の県費負担教職員	当該都道府県の教育委員会	特定の市町村

	欠 格 対 象
上記の者が懲戒免職処分になった場合	●当該都道府県下の全ての教職員 ●当該特定市町村の職員

10 　欠格条項 (3)

人事委員会・公平委員会の委員

- 同一政党への 2 人以上の所属
- 心身の故障で職務遂行に堪えない
- 委員たるに適しない非行

委員としての
罷免事由
（法 9 条の 2 ④〜⑥）

さらに下記の場合は、職員の資格を喪失

地方公務員法違反で刑に処せられた者

→ 地方公共団体の職員としての適格性否定事由（法 16 条Ⅲ）

「刑に処せられた」とは
刑の言渡し又は刑の免除の言渡しを受けたことをいい、現実に刑の執行を
受けることを意味しない

日本国憲法等の暴力破壊を主張する政党等関係者

公務員にあるまじき者

永久に、地方公務員になることは不可（絶対的欠格者）

☆憲法 99 条
「天皇又は摂政及び国務大臣、国会議員、裁判官その他の公務員は、この
憲法を尊重し擁護する義務を負ふ」

◪欠格条項違反の任用（昭 41.3.31 行実）

● 欠格条項に該当することが明らかでなかった
● 事前の調査不十分により誤って採用

などの理由がある

EX： 禁錮以上の刑に処せられ、当該刑の執行猶予期間中の者が、その事実
を隠したまま競争試験に応募して合格し、採用されたような場合

①欠格者の採用
  ➡ 当然無効

②この間のその者の行った行為
  ➡ 事実上の公務員の理論により有効である

③この間の給料
  ➡ この間労務の提供があるので、返還不要

④退職手当
  ➡ 支給しない

⑤共済組合に対する本人掛金
  ➡ 長期分は、返還
  ➡ 短期分は、医療給付ありとして相殺し、返還しない

⑥異動通知の方法
  ➡ 「無効宣言」に類する「採用自体が無効であるので登庁の要なし」
    という通知書で足りる

◪失　職（法 28 条④）

● 職員が法 16 条欠格条項各号（第 2 号を除く）のいずれかに該当するに至ったとき

> 条例に特別の定めがある場合を除くほか、失職する

◆失職の取扱い

- 交通事故を起こし有罪になった職員について、平素の勤務成績を勘案し、情状により失職しないものとする旨の規定を条例で設けることは不適切である（昭34.1.8行実）

- 地方公務員が禁錮以上の刑に処せられた場合には、任命権者による何らの処分も必要とせず、法律上当然に失職し、執行猶予期間満了後に初めて失職の通知がなされたとしても、その効力に影響はない（平元1.17最裁判）

[失職と退職の違い]

失 職	職員が一定の事由により、なんらの行政処分によることなく、当然に離職すること
退 職	行政処分に基づいて離職すること

[辞職と免職の違い]

辞 職	職員が自らの意思に基づき退職すること （依願退職ともいう）
免 職	職員を行政処分によって、その意に反して離職させること

◆離職の体系

◎地方公務員の一般職について、離職を体系化すると下図のとおりである
（現行の地方公務員制度　＝　職と身分は不可分一体のものである）

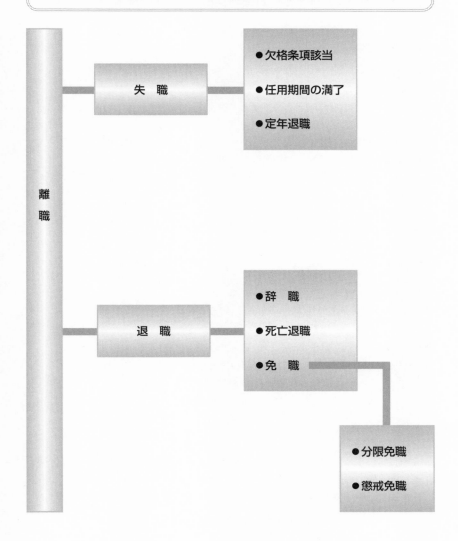

11 競争試験・選考（1）

地方公務員の任用が成績主義を原則にしている以上、試験・選考の実施は必然的な条件になります。この項では、誰がどのように試験・選考を行うかなど細かい規定が出てきますが、特に、人事委員会及び競争試験等を行う公平委員会の役割に注意してください。

◇採用・昇任の手続

●職員の任用

成績主義の原則（法15条）

→ 受験成績・人事評価その他の能力の実証に基づいて行われる

人事委員会設置団体 競争試験等を行う公平委員会設置団体 （法17条の2①、21条の4①）	人事委員会非設置団体 （法17条の2②、21条の4①）
職員の採用 ➡　競争試験による ※ただし、人事委員会規則又は公平委員会規則で定める場合には ➡　選考によることを妨げない 職員の昇任 ➡　競争試験又は選考による	職員の採用・昇任 ➡　競争試験又は選考　による

★競争試験等を行う公平委員会……41ページを参照のこと

●昇任とは……任命権者が職員を人事委員会規則で定める職に昇任させること（人事委員会非設置団体においては、任命権者が定める職）

→ 人事委員会は、上記の人事委員会規則を定めようとするときは、あらかじめ、任命権者の意見を聴くこと（法21条の4②）

ア　競争試験

➡特定の職に就けるため、不特定多数の者の競争によって選抜を行う方法

イ　選　考

➡競争試験以外の能力の実証に基づき選抜する方法（法17条の2①）

→ 競争試験の方が厳格で、選考は簡単であるという違いではなく、いずれも客観的な能力実証方法である

◇試験機関

●競争試験……採用試験及び昇任試験を指す

人事委員会設置団体（法 18 条、21 条の 4 ④）	人事委員会非設置団体（法 18 条、21 条の 4 ④）
競争試験・選考 ➡ 人事委員会が行う	競争試験・選考 ➡ 任命権者が行う

※地方公務員法では、人事委員会と、人事委員会非設置団体における任命権を併せて「人事委員会等」と総称している（法 17 条の 2 ③）

競争試験・選考

●難易度に差があるわけではないが、特に、人事委員会設置団体の競争試験は　**手続が煩雑**　である

EX
筆記試験、口頭試問等の実施、
採用候補者名簿の作成・提示

→ 人事委員会の役割

専門の人事機関が高度な試験を、より中立的に実施するという期待

↓

人事委員会設置団体には、原則として競争試験を義務づけている

☆職員の採用又は昇任につき、人事委員会が選考を行う場合

職務遂行能力を有するかどうかを選考の基準にして判定する

選考の基準に含まれない事由に基づいて、選考を裁量によって左右することは不可

（昭 28.9.7 行実）

◪他の機関等との協力方式

● 競争試験……採用試験及び昇任試験を指す

人事委員会等は、他の地方公共団体の機関との協定により、これと共同して競争試験又は選考を行うことが可（法18条、21条の4④）

| A 地方公共団体の
人事委員会等 | ←　協　定　→ | B 地方公共団体の機関 |

共同して、競争試験
又は選考を行うことが可

人事委員会等　　任命権者　　その他の行政機関

人事委員会等は、国若しくは他の地方公共団体の機関との協定により、これらの機関に委託して、競争試験又は選考を行うことが可（法18条、21条の4④）

| A 地方公共団体の
人事委員会等 | ←　協　定　→ | 国の機関 |

委託して、競争試験
又は選考を行うことが可

| A 地方公共団体の
人事委員会等 | ←　協　定　→ | B 地方公共団体の機関 |

委託して、競争試験
又は選考を行うことが可

※人事委員会等……人事委員会又は人事委員会非設置団体においては任命権者を指す（法17条の2③）

● 人事委員会を置かない地方公共団体の任命権者が、当該地方公共団体の他の任命権者との協議により、これと共同して又はこれに委託して競争試験又は選考を行うことはさしつかえない（昭 36.6.3 行実）

人事委員会非設置団体

| A 任命権者 | 協　議 | B 任命権者 |

共同して、競争試験又は選考を行うことが可

人事委員会非設置団体

| A 任命権者 | 協　議 | B 任命権者 |

委託して、競争試験又は選考を行うことが可

※地方自治法上の規定

● 事務の委託（自治法 252 条の 14 〜 16）
● 機関等の共同設置（自治法 252 条の 7 〜 13）
● 一部事務組合及び広域連合の設置（法 284 条）

本書姉妹書『完全整理　図表でわかる地方自治法〈第 5 次改訂版〉』27、171、199 ページを参照のこと

これにより、競争試験又は選考を行うときは、議会の議決を要するが、地方公務員法の規定による共同又は委託実施のときは、議決不要である

◘見なし合格

人事委員会等は、その定める職員の職について、採用候補者名簿がなく、かつ、人事行政の運営上必要である場合、その職の採用試験又は選考に相当する国又は他の地方公共団体の採用試験又は選考に合格した者を、その職の選考に合格した者と見なすことが可（法21条の2③）

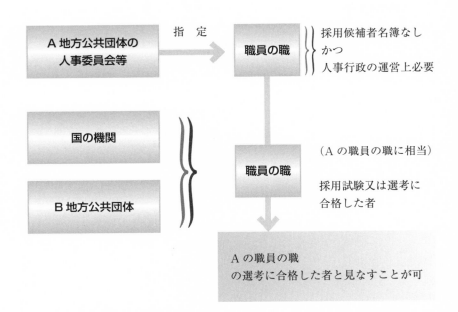

他機関で能力の実証がなされている者について、重ねて採用試験又は選考を行うことなく、人材確保の要請に迅速に応える趣旨の規定である

※ 人事委員会非設置団体 は、任命権者が行う

法21条（採用候補者名簿の作成）の適用がないため、採用候補者名簿が常に存在しないので注意

◆受験資格

❶競争試験の公開平等

受験の資格要件（法19条）

| 人事委員会等 | 職務遂行上必要な
最少かつ適当な限度の → を定める
客観的かつ画一的要件 |

| 採用試験 | 人事委員会等の定める受験資格を有する全ての国民に対し、平等条件で公開されること（法18条の2） |

| 昇任試験 | 人事委員会等の指定する職に正式任用された全ての職員に平等条件で公開されること（法21条の4④） |

憲法14条1項（法の下の平等）
地方公務員法13条（平等取扱の原則） → を受けている

ただし、合理的な理由があれば、受験資格の限定が可

EX
　警察官の職　＝　男　性　　　　※性別を限定する特別の事情がある
　看護師の職　＝　女　性　　　　　場合に限る（昭和28年当時）
　へき遠地に勤務する職員の職　＝　当該地域の近辺の居住する者

当該職の職務の遂行上必要な最少かつ適当の限度の客観的かつ画一的要件と認められる限り、性別又は住所地により受験資格を限定することは可（昭28.6.26行実）

※人事委員会等……人事委員会又は人事委員会非設置団体においては任命権者を指す（法17条の2③）

❷昇任試験に関する規定

昇任試験を受けることができる者の範囲

→ 人事委員会等の指定する職に正式任用された職員に限る
（法21条の4③）

※人事委員会等……人事委員会又は人事委員会非設置団体においては任命権者を指す（法17条の2③）

EX
　人事委員会の指定した職に一定年数勤務したことを昇任試験の受験資格とすることは、当該職務の遂行上必要かつ適当の限度の客観的かつ画一的要件と認められる限り可（昭28.8.28行実）

◆試験の公正性の確保（法18条の3）

試験機関に属する者その他の職員	①受験の阻害 ②受験に不当な影響を与える目的の 　●特別の情報提供 　●秘密の情報提供	➡ 不可

◆競争試験の目的・方法（法20条、21条の4④）

①目　的
　●受験者が、下記ア及びイを有するかどうかを正確に判定すること
　　ア　当該競争試験に係る職の標準職務遂行能力
　　イ　当該競争試験に係る職についての適性

②方　法
　●筆記試験　その他の人事委員会等が定める方法により行う

◪採用候補者名簿の作成及びこれによる採用（法21条、21条の4④）

❶人事委員会設置団体における競争試験による職員の任用

人事委員会

①試験の実施

②試験ごとに　採用候補者名簿　を作成すること
　　　　　　　昇任候補者名簿

名簿には、試験において合格点
以上を得た者の氏名・得点を記
載すること

③名簿の提示

任命権者

④名簿に記載された者の中から職員を任用

※人事委員会非設置団体は、試験実施機関と任命権者が同一である

採用候補者名簿を提示すべき必要がない

本条の適用がない

❷名簿の追加（法21条④、21条の4）

人事委員会

A名簿

採用又は昇任候補者名簿		
1	道府　県太	82点
2	国省冶　豊	81点
3	主官　　静	80点
4		①追　加
5		

B名簿

採用又は昇任候補者名簿		
1	地方　花子	91点
2	市町　村男	87点
3	公務　員弥	86点
4	行政　　都	83点
5	自治　法子	80点

②提　示

任命権者

名簿記載者の数が、採用又は昇任すべき者の数よりも少ない場合、その他の人事委員会規則で定める場合には、人事委員会は、他の最も適当な採用又は昇任候補者名簿に記載された者を加えて提示することを妨げない

❸規則での規定

❶、❷のほか

ア　採用又は昇任候補者名簿の作成
イ　アによる採用又は昇任方法 ➡ 必要事項

人事委員会規則で定めること（法21条⑤）

同じ地方公共団体の職員の中でも、条件付採用・臨時的任用の職員は、身分保障の規定が適用されないなど、一部特例的な取扱いを受けることになります。この項では、それぞれの特徴を正確に捉え、理解を深めてください。

◆任用の特例

職員の任用の原則

→ 採用・昇任・降任・転任のいずれかの方法により、任命することが可（法 17 条①）

特 例

①条件付採用（法 22 条）

　正式採用に至る能力実証のための前提手続であり、正式採用に連結する制度

②臨時的任用（法 22 条の 3）

　正式採用に至る能力実証とは何の関係もない、もっぱら人事の弾力化のための制度

職員の任用

正式任用	臨時的任用

条件付採用

どちらも一般職である

※臨時に任用される場合でも、顧問、参与、調査員、嘱託員等、専門的な知識経験又は識見を有する者が就く職は特別職であり、ここでいう臨時的任用ではない（法 3 条③Ⅲ）

◎注 意

臨時的任用は、条件付採用の対象外である

（総務省「会計年度任用職員制度の導入等に向けた事務処理マニュアル」参照）

◘条件付採用

❶条件付採用制度（法22条①）

> 職員の採用　＝　全て条件付とする
>
> 　　　　　　（非常勤職員も該当、ただし臨時職員は除く）
>
> ⬇
>
> 　　6か月間、職務を良好な成績で勤務　＝　実地の勤務による能力の実証
>
> 正式採用
>
> 　　　　正式採用については、別段の通知又は発令行為を要しない
> 　　（昭36.2.24 高知地裁判）

⬇

人事委員会等は、人事委員会規則（人事委員会非設置団体は、地方公共団体の規則）の定めにより、条件付採用期間を1年を超えない範囲内で延長することが可

※人事委員会等…人事委員会又は人事委員会非設置団体においては任命権者を指す（法17条の2③）

条件付採用期間　＝　労働基準法21条4号に規定する「試の使用期間」と解すべき

↓

条件付採用期間中の地方公務員が14日を超えて引き続き使用されるに至った場合

↓

労働基準法21条ただし書の規定により、同法20条（解雇の予告）の適用がある（昭38.11.4 行実）

☆労働基準法

20条 解雇の予告	使用者は、労働者を解雇しようとする場合においては、少なくとも30日前にその予告をしなければならない（後略）
21条4号 試の使用期間中の者	前条の規定は、次の各号の一に該当する労働者については適用しない。（中略）ただし、第4号に該当する者が14日を超えて引き続き使用されるに至った場合においては、この限りではない

❷条件付採用期間中の職員の身分取扱い

◎未だ正式採用ではないので、身分保障規定の適用がない

適用除外の条項 （法 29 条の 2）	法 27 条 2 項（意に反する分限処分の禁止規定） 法 28 条 1 ～ 3 項（分限処分） 法 49 条 1、2 項（不利益処分に関する説明書の交付） 行政不服審査法

※職員の分限については、条例で必要事項の規定が可

[身分取扱いの主な内容]

項 目	取 扱 い
分　限	法適用が除外されているので、法律・条例の定める事由によることなく、分限処分が可 ※ただし、それは任命権者の純然たる自由裁量ではなく、分限事由にはそれ自体自ら限界があり、客観的に合理的な理由が存し、社会通念上相当とされるものであることを要す（昭 53.6.23 最裁判）
不利益処分に関する審査請求	法適用が除外されているので、条件付採用期間中の職員は、たとえ分限処分・懲戒処分を受けても、人事委員会・公平委員会に救済を求めることは不可
勤務条件	正式採用職員と同一である
服務・懲戒	法の服務規定の適用は、正式採用職員と全く同じであり、その違反者に対して法 29 条に基づく懲戒処分が可
勤務条件に関する措置要求	勤務条件が正式採用職員と同一であり、それに不満がある場合には、勤務条件に関する措置要求が可（法 46 ～ 48 条）
労働基本権	正式採用職員と同一である

条件付採用・臨時的任用（3）

◆臨時的任用

❶臨時的任用制度（法22条の3①、④）

| 人事委員会設置団体における任命権者 | | |

| 人事委員会規則で定めるところにより | 常時勤務を要する職に欠員を生じた場合において | ア　緊急のとき
イ　臨時の職に関するとき
ウ　採用又は昇任候補者名簿がないとき | ➡ 人事委員会の承認を得て6か月を超えない期間で、臨時的任用が可 |

人事委員会の承認を得て、6か月を超えない期間での更新が可だが、再更新は不可

※「人事委員会の承認を得て」とは、臨時的任用を行おうとする職についての承認であって、臨時的任用を行おうとする職員個々についての承認ではない（昭31.9.17行実）

[臨時的任用の主な内容]

臨時的任用の該当項目	内　容
緊急のとき	●災害が発生し、その復旧に緊急の人手を要する場合 ●年度途中に施設が完成して供用され、正規職員を補充するまで、とりあえず要員を充足する必要がある場合 ●緊急を要する場合であれば、恒久的な職に臨時的任用職員を充てることが可
臨時の職に関するとき	●一時的な業務の繁忙等で、人手を要する場合 ●職自体の存続期間が暫定的である場合
採用又は昇任候補者名簿がないとき	●競争試験が行われなかった場合 ●採用又は昇任候補者がすべて採用又は昇任されてしまった場合 ●採用又は昇任候補者がすべて採用又は昇任を辞退した場合

人事委員会非設置団体における任命権者

| 地方公共団体の規則で定めるところにより | 常時勤務を要する職に欠員を生じた場合において | ア　緊急のとき
イ　臨時の職に関するとき | ➡ | 6か月を超えない期間で、臨時的任用が可 |

6か月を超えない期間での更新が可だが、再更新は不可

※人事委員会非設置団体には、採用又は昇任候補者名簿の作成規定が適用されない（法21条、22条の3①、②）

❷臨時的任用に関する人事委員会等の権限（法22条の3①〜④）

ア	規則制定権	臨時的任用に関する規則を定める
イ	承認権	臨時的任用・臨時的任用の更新について、承認を行う
ウ	資格要件制定権	臨時的任用について、任用される者の資格要件を定めることが可 ※臨時的任用職員は、正式任用職員と違い、成績主義の原則（能力の実証）が当てはまらないため、その職の適格者を得る目的で、資格要件を設ける 　　　EX：出納事務従事のため、簿記検定の合格を資格要件にする
エ	取消権	法の規定に違反する臨時的任用を取り消すことが可 　　　EX1：緊急のときに該当しないにも係わらず、その理由で行われた臨時的任用 　　　EX2：人事委員会の承認を得ないで行われた臨時的任用 　　　EX3：引き続き1年を超える臨時的任用 別段の手続は定められておらず、人事委員会の意思表示で足りると解されている

❸臨時的任用職員の身分取扱い

◎もともと正式任用ではないので、身分保障規定の適用がない

適用除外の条項 （法29条の2）	法27条2項（意に反する分限処分の禁止規定） 法28条1〜3項（分限処分） 法49条1、2項（不利益処分に関する説明書の交付） 行政不服審査法

※職員の分限については、条例で必要事項の規定が可

[身分取扱いの主な内容]

項　目	取　扱　い
分　限	法適用が除外されているので、法律・条例の定める事由によることなく、分限処分が可
不利益処分に関する審査請求	法適用が除外されているので、臨時職員は、たとえ分限処分・懲戒処分を受けても、人事委員会・公平委員会に救済を求めることは不可
勤務条件 服務・懲戒 勤務条件に関する措置要求	法22条の3（臨時的任用）の1〜5項に定めるもののほか、臨時的に任用された者に対しては、この法律を適用する （法22条の3⑥）
労働基本権	↓ 原則的に、正式任用職員と同じである
正式任用との関係	臨時的任用は、正式任用に際して、いかなる優先権をも与えるものではない（法22条の3⑥）

※本書では、「条件付採用期間中の職員」を「条件付職員」、「臨時的任用職員」を「臨時職員」と略して記載している場合があるので、ご了承願いたい

会計年度任用職員は、「一般職の非常勤職員」の任用に関する制度を明確化するために設けられた規定であり、公務の能率的かつ適正な運営を確保する上で、重要です。2020（令和2）年4月1日から施行されました。

◘会計年度任用職員の定義（法22条の2①）

❶会計年度任用制度

会計年度を超えない範囲で置かれる非常勤の職　＝　会計年度任用の職
➡　この職を占める職員を「会計年度任用職員」という

職員採用の原則（62ページ◘採用・昇任の手続　参照）に関わらず、会計年度任用職員の採用は、人事委員会設置団体、非設置団体ともに、競争試験又は選考による

❷会計年度任用職員に該当するケース

種別①（常勤に比し短時間勤務）

会計年度任用の非常勤職で、その1週間当たりの通常勤務時間が常勤職員の1週間当たりの通常勤務時間に比し短時間であるもの
※ただし、116ページの定年前再任用短時間勤務の職を除く

種別②（常勤と同一時間勤務）

会計年度任用の非常勤職で、その1週間当たりの通常勤務時間が常勤職員の1週間当たりの通常勤務時間と同一時間であるもの

◘位置付けと運用（法22条の2②〜⑦）

❶会計年度任用職員の身分取扱い

非常勤職員だが、一般職の地方公務員なので、常勤職員と同様に、地方公務員法が全面的に適用される

※ただし、条件付採用期間は1か月

❷会計年度任用職員の任期に関する取扱い

ア　任期の定め	採用日から、その会計年度の末日までの期間の範囲内で、任命権者が定める
イ　任期の明示	任命権者は、採用する場合及び任期を更新する場合 ↓ その旨を会計年度任用職員に明示すること
ウ　任期の更新	任命権者は、任期がアの期間に満たない場合 ↓ 勤務実績を考慮した上で、当該期間の範囲内で、任期の更新が可
エ　任用上の注意	任命権者は、採用又は任期の更新に当たり ↓ 職務の遂行に必要かつ十分な任期を定めるものとし、必要以上に短い任期を定めることにより、採用又は更新を反復して行うことのないよう配慮すること

※会計年度任用職員の任期は、会計年度を超えない範囲で定めることが基本である。ただし、更新により、翌会計年度も雇用することは可能であるが地公法にはそれを何回まで更新できるかについての規定はない。各自治体が個別に規定するほかないが、手続きなく更新がなされたり、長期にわたって継続して勤務できるといった誤解を招かないよう、採用の段階で明確に示すべきとされている。（総務省「会計年度任用職員制度の導入等に向けた事務処理マニュアル」より）

❸会計年度任用職員の給与等に関する取扱い（自治法203条の2、204条）

ア　種別①（常勤に比し短時間勤務）

報酬は、支給しなければならない
費用弁償は、受けることが可
期末手当は、条例で、支給することが可

イ　種別②（常勤と同一時間勤務）

給料、旅費は支給しなければならない
各種手当（期末手当を含む）は、条例で、支給することが可

4 人事評価・研修（1）

職員の任用は、人事評価等の「能力の実証」に基づいて行わなければならないことは前項で記載しましたが、これを法的に裏付けるのが、人事評価の規定です。また、人材育成を推進する上で欠かせないのが研修であり、どちらも人事行政の重要テーマです。

◇人事管理制度の背景と概要

地方公務員法は、1950（昭和25）年に成立した当初から「職階制」の規定がありながら、実際に各地方公共団体でこれが採用されているわけではないなど、矛盾を抱えていた

↓

能力及び実績に基づく人事管理の徹底が求められる

↓

2014（平成26）年 地方公務員法の改正による制度の導入へ

［概　要］

①能力本位の任用制度の確立

- 任用の定義を明確化するとともに、職員の任用は、職員の人事評価その他の能力の実証に基づき行うものとする（48ページ参照）

②人事評価制度の導入

- 職員がその職務を遂行するに当たり発揮した能力・挙げた業績を把握した上で行われる人事評価制度を導入し、これを任用、給与、分限その他の人事管理の基礎とする（「職階制」に関する規定は、全て削除になった）

③分限事由の明確化

- 分限事由の1つとして、「人事評価又は勤務の状況を示す事実に照らして、勤務実績がよくない場合」と明確化する（106ページ参照）

④その他

- 職務給原則を徹底するため、地方公共団体は給与条例で「等級別基準職務表」を定め、等級別ごとの職員数を公表するものとする（90、198ページ参照）

※地方公務員法と同時に、地方独立行政法人法も改正され、特定地方独立行政法人の職員等に対しても、同様の措置を講ずるものとした

◆人事評価

❶人事評価の定義

- 任用、給与、分限その他の人事管理の基礎とするために、職員がその職務を遂行するに当たり発揮した能力及び挙げた業績を把握した上で行われる勤務成績の評価（法6条①）

❷人事評価の根本基準（法23条）

- 職員の人事評価は、公正に行われること
- 任命権者は、人事評価を任用、給与、分限その他の人事管理の基礎として活用するものとする

❸人事評価の実施（法23条の2）

任命権者	ア 職員の執務について、定期的に人事評価を実施すること
	イ 人事評価の基準・方法その他の人事評価に関し必要な事項を定める
	ウ 任命権者が長及び議長以外の者であるときは、上記イを定める場合、あらかじめ長に協議すること

❹人事評価に基づく措置（法23条の3）

- 任命権者は、人事評価の結果に応じた措置を講じること

❺人事評価に関する勧告（法23条の4）

- 人事委員会は、人事評価の実施に関し、任命権者に勧告することが可

◆研　修（法39条）

● 職員の任用は、成績主義の原則による（法15条）
　＝　能力開発が重視される

● 職員には、勤務能率の発揮・増進のため、研修を受ける機会が与えられなければならない

● 地方公共団体は、研修の目標、研修に関する計画の指針となるべき事項その他研修に関する基本的な方針を定めるものとする

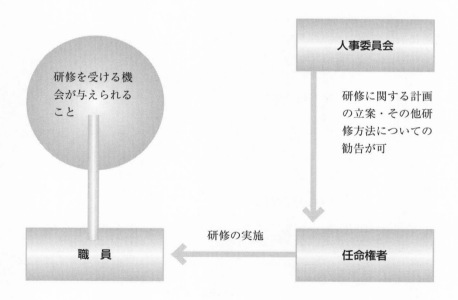

● 法39条の研修は、任命権者が自ら主催して行う場合に限られず、他の機関に委託して行う場合や特定の教育機関への入所を命じた場合を含む（昭30.10.6行実）

給与・勤務時間等勤務条件 (1)

勤務条件は、様々なルールのもとに成り立っており、民間労働者のような労使間の対等な雇用契約とは明らかに異なります。その中心は、何と言っても「給与」であり、決定や支給の原則をはじめ、給料表の取扱いなどをマークしてください。

◆勤務条件の定義

給与及び勤務時間のような、職員が地方公共団体に対し勤務を提供するについて存する諸条件で、職員が自己の勤務を提供し、又はその提供を継続するかどうかの決心をするに当たり、一般的に当然考慮の対象となるべき利害関係事項（昭 26.4.18 法制意見、昭 35.9.19 行実）

◆勤務条件の種別と原則 (法 24 条、25 条)

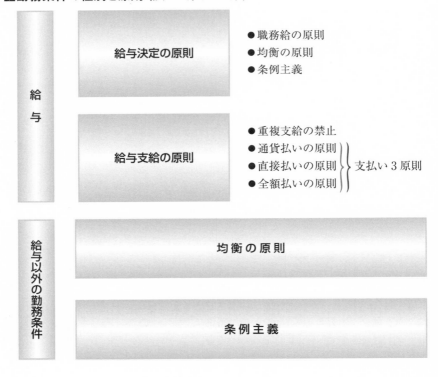

給 与	給与決定の原則	●職務給の原則 ●均衡の原則 ●条例主義
	給与支給の原則	●重複支給の禁止 ●通貨払いの原則 ┐ ●直接払いの原則 ├ 支払い 3 原則 ●全額払いの原則 ┘
給与以外の勤務条件	均衡の原則	
	条例主義	

◆勤務条件決定の構造

❶民間事業者の場合（労基法 13 〜 15 条、労組法 6 条、14 条）

❷地方公共団体の場合（憲法 93 条②、自治法 149 条Ⅰ、96 条Ⅰ、法 55 条）

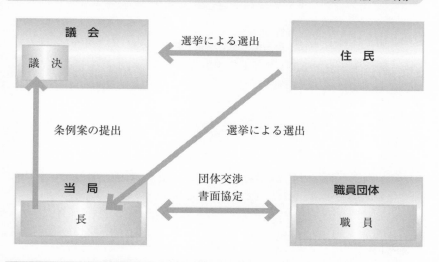

❸企業職員・単純労務職員の特例

- ●勤務条件のうち、給与の種類・基準のみ条例で定める
  （地公企法 38 条④、地公企労法附則⑤）

- ●地方公務員法上の職員団体
- ●労働組合法上の 労働組合
  どちらの結成も可

労働協約の締結が可
　= 　給与の種類・基準以外の勤務条件については、条例主義が排される

給与・勤務時間等勤務条件 (2)

◆給 与

❶給与決定の原則

原　則	内　容
職務給の原則	職員の給与 =　その職務と責任に応ずるものであること （法 24 条①）
均衡の原則	職員の給与 ⬇ 生計費 国・他の地方公共団体の職員の給与　を考慮して 民間事業従事者の給与　　　　　　　定めること その他の事情　　　　　　　　　　　（法 24 条②）
条例主義	職員の給与 ⬇ a　条例で定めること（法 24 条⑤、自治法 204 条③） b　給与に関する条例に基づいて支給されること ⬇ これに基づかずには、いかなる金銭・有価物も支給不可（法 25 条①、自治法 204 条の 2） 条例主義の意義 ●議会を通じての民主的コントロール ●主権者（住民）の合意による給与の保障

❷給与支給の原則

ア　重複支給の禁止（法 24 条③）

→　職員が他の職員の職を兼ねる場合　→　兼務職に対して給与を受けることは不可

※一般職の職員が特別職を兼ねた場合
→　特別職の給与を支給することは可だが、重複給与は避けるべき

（昭 26.3.12 行実）

イ　支払い 3 原則

原　則	内　容
通貨払いの原則	●職員の給与は、 通貨 で支払うこと（法 25 条②） ↓ 強制通用力を有する貨幣である（貨幣法 7 条） ●小切手による給与支給は、退職手当を除き不可 （自治令 165 条の 4 ③、地公企令 21 条の 12 ⑤）
直接払いの原則	●職員の給与は、職員本人に直接支給すること （法 25 条②） ●委任状により受任者に一括して支払うことは不可 （昭 27.12.26 行実） ●家族等の使者に支払うことは可 （昭 23.12.4 労働省行実）
全額払いの原則	●職員の給与は、全額支給すること（法 25 条②） ●全部又は一部を控除することは不可 ●懲戒処分の減給等での給与の減額は、その減額された給与が支給すべき給与の全額である ↓ この場合の減額は、支給すべき給与を計算する過程での問題で、全額払いの原則とは関係がない （昭 33.8.7 法制意見）

15 　給与・勤務時間等勤務条件 (3)

ウ　支払い3原則の特例

職員の種類	特　例	
一般職員 （法25条②）	法律又は条例で定めたときは、3原則すべてについて特例が認められる	
企業職員 単純労務職員 （労基法24条①など）	通貨払いの原則	法令・条例・労働協約で定めれば、認められる
	直接払いの原則	特別法によらない限り、認められない
	全額払いの原則	法令・条例・当該事業場の職員の過半数で組織する労働組合（それがないときは、当該事業場の職員の過半数の代表者）との書面協定で定めれば、認められる

[他法等で特例を認めている場合]

- 所得税の源泉徴収（所得税法183条）
- 道府県民税の賦課徴収・市町村民税の特別徴収（地税法41条、321条の3）
- 地方公務員共済組合の掛金等（地共済法115条）
- 通勤途上災害の補償基金に納付する一部負担金（地公災法66条の2③）
- 給与についての債権の差押え（民執法152条、国税徴収法76条①など）

条例で特例を認めている場合

- 職員組合費の天引き（チェック・オフ）

※給与の口座振込

次の要件を満たす場合には、条例を定めなくても認められる（昭50.4.8通知）

　　a　職員の意思に基づいていること

　　b　職員が指定する本人名義の預金又は貯金の口座に振り込まれること

　　c　振り込まれた給与の全額が、所定の給与支払日に払い出し得る状況にあること

※前月中に生じた給与の減額事由に基づき減額すべき給与額

　➡　著しく遅延しない限り、翌月分以降の給与からの減額が可
　　　（昭41.12.5行実）

❸労働基準法の適用

[職員に適用される主な給与支給規定]

規　定	内　容
賃金の支払い （労基法 24 条②）	毎月 1 回以上、一定の期日を定めて支払うこと ※臨時に支払われる賃金等については、この限りではない
非常時払い （労基法 25 条）	労働者が出産・疾病・災害等、非常の場合の費用に充てるため請求する場合は、支払期日前であっても既往の労働に対する賃金を支払うこと
時間外等の 割増賃金 （労基法 37 条①）	時間外・休日・深夜に勤務した場合は、通常の賃金の計算額の 2 割 5 分増以上、5 割以下の範囲内で定める割増賃金を支払うこと ⬇ 超過勤務手当・休日給・夜勤手当の額は、労基法 37 条の基準を下回ることは不可 （昭 29.3.23 行実）
金品の返還 （労基法 23 条①）	労働者が死亡又は退職した場合に、権利者から請求があったときは、7 日以内に賃金を支払い、労働者の権利に属する金品を返還すること
解雇予告 （労基法 20 条①）	使用者は、労働者を解雇しようとする場合は、少なくとも 30 日前にその予告をすること ※ 30 日前に予告をしない使用者は、30 日分以上の平均賃金を支払うこと

❹給与請求権

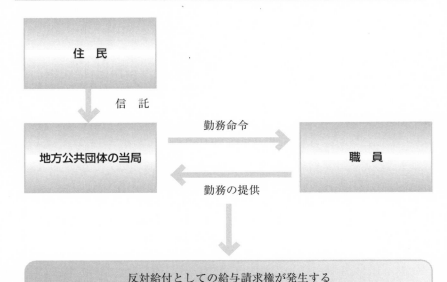

反対給付としての給与請求権が発生する

- ●定期昇給は、絶対的な権利又は義務ではない（昭 38.11.2 行実）

- ●職務遂行上必要な被服等の支給は、法 25 条 1 項の給与に含まれない（昭 27.9.3 行実）

- ●職員表彰の副賞として金品を授与することは、法 25 条 1 項に反しない（昭 27.2.28 行実）

PTA、同窓会など任意団体の事務

地方公務員法 35 条に規定する「地方公共団体がなすべき責を有する職務」には含まれない

職員が正規の勤務時間外に当該任意団体の事務に従事しても、これに対し時間外勤務手当を支給することは不可（昭 39.1.20 行実）

☆給与請求権

基本権……職員としての地位そのものから生じる一身専属的な権利
支分権……職員としての地位に基づき、上司の命によって実際に勤務し
たことから生じる具体的な権利

[給与請求権の特例的な取扱い]

譲　渡放　棄	●無制限に認めると、職員の生活を脅かす 　　➡　公務の停滞につながるおそれ 　　　　➡　基本権の譲渡・放棄は原則不可 ●地方公共団体は、その職員に給与を支給すべきであるが、職員が公務員としての地位に基づいて有する給与請求権の支分権である具体的給与の請求権を放棄することができないとは言えない（昭 28.7.27 行実）
時　効	●一般の債権の消滅時効（民法 166 条①） 　　①権利を行使できることを知った時から 5 年 　　②権利を行使することができる時から 10 年 ●地方公共団体に対する金銭債権の消滅時効 　＝　行使できる時から 5 年間行使しないとき（自治法 236 条①） ※ただし、 他法 に定めがあるものを除く 地方公共団体の職員の給与に関する時効期間は、労基法が適用される（労基法 115 条） 　　a　退職手当以外の給与請求期間　＝　2 年 　　b　退職手当の請求期間　＝　5 年 　　支払期日が定められている給与は、その支払期日、それがない場合は、給与を支給すべき事実が発生したとき

※一般の債権の消滅時効、地方公共団体に対する金銭債権の消滅時効は、平成 29 年の改正民法により、上記のように改正された（2020 年 4 月 1 日施行）
時効については、地方自治法に細目が規定されているので、本書姉妹書『完全整理　図表でわかる地方自治法』を参照のこと

❺給与条例の規定事項（法25条③〜⑤）

ア 給料表

イ 等級別基準職務表

ウ 昇給の基準に関する事項

エ 時間外勤務手当・夜間勤務手当・休日勤務手当に関する事項

オ 前エに規定するものを除くほか、地方自治法204条2項に規定する手当を支給する場合には、当該手当に関する事項

カ 非常勤の職その他勤務条件の特別な職があるときは、これらの給与の調整に関する事項

キ ア〜カに規定するものを除くほか、給与の支給方法及び支給条件に関する事項

※1 上記アの給料表には、職員の職務の複雑、困難及び責任の度に基づく等級ごとに明確な幅を定めていなければならない

※2 上記イの等級別基準職務表には、職員の職務を、等級ごとに分類する際に基準となるべき職務内容を定めていなければならない

地方公共団体の給料表

国家公務員の俸給表を基準に行政職給料表、医療職給料表などを用いている

一般行政事務に従事する職員 　同一の給料表で定めることは適当ではない

単純労務職員 　（昭41.10.26行実）

行政職給料表（一）、行政職給料表（二）又は業務職給料表などというように、各地方公共団体とも給料表を分けている

[EX：給料表]　　　行政職給料表（一）

職務の級	1級	2級	3級	4級	5級	6級
号　給	給料月額	給料月額	給料月額	給料月額	給料月額	給料月額
1	—	○○○	○○○	○○○	○○○	○○○
2	—	○○○	○○○	○○○	○○○	○○○
3	—	○○○	○○○	○○○	○○○	○○○
4	○○○	○○○	○○○	○○○	○○○	○○○
5	○○○	○○○	○○○	○○○	○○○	○○○
6	○○○	○○○	○○○	○○○	○○○	○○○
7	○○○	○○○	○○○	○○○	○○○	○○○

[初任給の決定]

給与条例に基づく「初任給、昇格及び昇給等の基準に関する規則」で規定

▶ 新たに採用された職員の給料（級・号給）を決定
　　　年齢・学歴・免許等を考慮し、公務その他の前歴を有す
　▶ る者に対しては、任命権者の裁量によって経験年数に応
　　　ずる号給の調整（前歴換算）を行うことが可

[給与の変更]

種　類	内　容
昇　給	職員が現に受けている給料の号給を、同一等級における上位の号給に変更すること 　a　普通昇給 　　　一定期間（通常は1年間）、良好な勤務成績で勤務したとき、予算の範囲内で1号給上位の号給に昇給させることで、定期昇給と呼ぶ場合もある 　b　特別昇給 　　　勤務成績が特に良好であった場合、普通昇給に要する期間を短縮し、又は、現に受けている号給より2号給以上上位の号給に昇給させ、あるいは、その両方を併せて行うことをいう
昇　格	職員の職務の等級を、同一給料表における上位の等級に変更すること
降　給	職員が現に受けている給料の号給を、同一等級における下位の号給に変更すること
降　格	職員の職務の等級を、同一給料表における下位の等級に変更すること

❻各種給与の取扱い

……基本は、ノーワーク・ノーペイ（働きなければ、給与もなし）の原則

事　例	内　容
休職者の給与	●法28条（分限）の規定により、一定割合が支給されるのが一般的
懲戒処分を受けた職員の給与	●減給処分なら、一定期間に一定割合が減じられる ●停職処分なら、この期間は一切支給されない
育児休業中の職員の給与	●3歳に満たない子を養育する育児休業期間は、給与は支給されない（地公育休法4②） ●共済組合から、一定期間、給料の67又は50パーセント相当の給付あり（地共済法70条の2）
組合活動に従事した職員の給与	●在籍専従者なら、一切の支給なし（法55条の2①） ●条例で定める場合以外に組合活動をしたら、その時間の給与は減じられる（法55条の2⑥）
非常勤職員の報酬	●額及び支給方法は、条例で定めること （自治法203条の2⑤） ●非常勤職員に報酬を支給する場合等を除き、報酬以外の給与の支給は不可（自治法204条の2）
［参考］ 議員報酬	●議員報酬は、条例で定めること（自治法203条）

❼人事委員会の報告・勧告（法26条）

[職員の給与保障規定]

ア　情勢適応の原則（法14条）
イ　給与決定の原則（法24条①、②、⑤）
ウ　勤務条件に関する措置要求（法46条）
エ　人事委員会 による関与（法8条Ⅱ、Ⅴ、法26条）

a　給与決定における中立性・専門性
b　職員の勤労基本権制限の代替措置機関

[人事委員会の権限]

ア　給与等の研究・成果の提出
　　人事評価、給与、勤務時間その他の勤務条件、研修、厚生福利制度その他職員に関する制度について、絶えず研究を行い、その成果を地方公共団体の議会若しくは長又は任命権者に提出すること（法8条①Ⅱ）

イ　給与の報告・勧告制度
　　国の人事院勧告制度（国公法28条②）に準ずる機能

報　告	毎年少なくとも1回、給料表が適当であるかどうかについて、地方公共団体の議会・長に同時に報告すること（義務）
勧　告	給与決定の諸条件の変化により、給料表に定める給料額を増減することが適当と認めるときは、併せて適当な勧告をすることが可（任意）

◆給与以外の勤務条件

❶給与以外の勤務条件決定の原則

原　則	内　容
均衡の原則	職員の勤務時間その他の勤務条件 ⬇ 国・他の地方公共団体の職員との間に権衡を失しないように適当な考慮が払われること （法 24 条④）
条例主義	職員の勤務時間その他の勤務条件 ⬇ 条例で定めること（法 24 条⑤） ※職員の給与、勤務時間その他の勤務条件に関する事項を全面的に規則で定めるよう条例で委任することは不可 （昭 27.11.18 行実）

❷給与以外の勤務条件の留意点

ア　人事委員会の勧告制度（法 26 条）がない

イ　ほぼ全面的に労働基準法の適用を受ける

ウ　企業職員・単純労務職員については、条例主義ではなく、企業管理規程等の就業規則又は団体協約により決定される

❸主な給与以外の勤務条件

項　目	内　容
勤務時間	● 原則として、1日8時間、1週40時間を超えてはならない（労基法32条） ● 変形労働時間制など、勤務実態に合わせた弾力的な運用あり（労基法32条の2） ● 労働者が始業と終業の時刻を自主的に定めるフレックスタイム制の採用も可（労基法32条の3）
週休日 休　日	● 使用者は労働者に対して、毎週少なくとも1回の休日を与えること（労基法35条①） 　ア　週休日 　　　日曜日・土曜日など、勤務を要しない日（本来的に勤務義務がない日）として、原則として職員に勤務時間の割振りは行われないもののこと 　イ　休　日 　　　国民の祝日など、勤務義務はあるが、それが免除されている日
休　暇	ア　年次有給休暇　　　オ　産前産後休暇 イ　病気休暇　　　　　カ　育児時間 ウ　公民権の行使　　　キ　生理休暇 エ　夏季休暇　　　　　　　　　　　　など
休　憩	● 休憩時間 　労働時間が6時間を超える場合は、少なくとも45分 　労働時間が8時間を超える場合は、少なくとも1時間 　➡　労働時間の途中に与えること（労基法34条①） 　一斉付与の原則 　自由使用の原則 　　（労基法34条②、③）

給与・勤務時間等勤務条件 (8)

◆修学部分休業 (法 26 条の 2)

❶申請と承認

| 職　員 | 申　請 → ← 承認が可 | 任命権者 |

臨時職員・非常勤職員・
任期付任用職員を除く

● 公務の運営に支障がない
　かつ
● 当該職員の公務能力の向
　上に資する

と認める
ときは、

➡

条例の定めにより、当該職員が、
大学その他の条例で定める教育施
設での修学のため、当該修学に必
要と認められる期間として条例の
定める期間中、1 週間の勤務時間
の一部について勤務しないことの
承認が可

❷その他の細目

項　目	内　容
休職又は停職処分の扱い	● 修学部分休業をしている職員が休職又は停職の処分を受けた場合 ➡ その効力を失う
給与減額	● 職員が修学部分休業の承認を受けて勤務しない場合 ➡ 条例で定めるところにより、減額して給与を支給する
条例への委任	● 法 26 条の 2・1 〜 3 項に定めるもののほか、修学部分休業に関する必要事項は、条例で定める

◆高齢者部分休業（法 26 条の 3）

❶申請と承認

| 高齢として条例で
定める年齢に
達した職員 | 申　請 →
← 承認が可 | 任命権者 |

臨時職員・非常勤職員・
任期付任用職員を除く

| ●公務の運営に支障が
ない | と認める
ときは、 → | 条例の定めにより、当該職員が、当該条例で定める年齢に達した日以後の日で申請で示した日から定年退職日までの期間中、1 週間の勤務時間の一部について勤務しないことの承認が可 |

❷その他の細目

項　目	内　容
休職又は停職処分の扱い	●高齢者部分休業をしている職員が休職又は停職の処分を受けた場合 ↓ その効力を失う
給与減額	●職員が高齢者部分休業の承認を受けて勤務しない場合 ↓ 条例で定めるところにより、減額して給与を支給する
条例への委任	●法 26 条の 3 に定めるもののほか、高齢者部分休業に関する必要事項は、条例で定める

16 休　業 (1)

職員が、特別な事情のため一定期間、職務を離れることを「休業」と言います。その趣旨は、今後も公務において活躍することが期待される人材が、一時的に職務を離れても、その地方公共団体に籍を残しておくことで、いずれ職務復帰してもらうことにあります。

◆休業の種類（法 26 条の 4）

| 職員の休業 | ①自己啓発等休業 ②配偶者同行休業 | ①、②は、地公法で規定（法 26 条の 5、26 条の 6） |
| | ③育児休業 ④大学院修学休業 | ③、④については、別に法律（地公育休法、教特法）で定めるところによる |

※本項の「休業」と、前項の「部分休業」（96、97 ページ）との違い
- 本項の「休業」…在籍はするが、一定期間、職務に従事せず給与も支給されない
- 前項の「部分休業」…勤務時間の一部について勤務せず、給与は減額にて支給になる
  （このため、前項の「給与・勤務時間等勤務条件」に分類される）

◆自己啓発等休業（法 26 条の 5）

❶申請と承認

職　員

臨時職員・非常勤職員・
任期付任用職員を除く

申　請　→

←　承認が可

任命権者

- 公務の運営に支障がない
  かつ
- 当該職員の公務能力の
  向上に資する

と認める
ときは、
→

条例の定めにより、当該職員が、3
年を超えない範囲内において条例で
定める期間、大学等課程の履修又は
国際貢献活動のための承認が可

※1　大学等課程の履修……大学その他の条例で定める教育施設の課程の履修
　　　をいう

※2　国際貢献活動……国際協力の促進に資する外国での奉仕活動のうち、職
　　　員として参加することが適当であると認められるものとして、条例で定
　　　めるものに参加することをいう（当該奉仕活動を行うために必要な、国
　　　内における訓練その他の準備行為を含む）

❷その他の細目

項　目	内　容
職及び職務の取扱い	● 自己啓発等休業の開始時に就いていた職又はその期間中に異動した職を保有するが、職務に従事しない
給与の不支給	● 自己啓発等休業期間中は、給与を支給しない
休職又は停職処分の扱い	● 自己啓発等休業をしている職員が、休職又は停職の処分を受けた場合 ➡　その効力を失う
取　消	● 自己啓発等休業をしている職員が、その承認事項（大学等課程の履修又は国際貢献活動）を取りやめたこと、その他条例で定める事由に該当するとき ➡　任命権者は、当該承認を取り消すものとする
条例への委任	● 法 26 条の 5 に定めるもののほか、自己啓発等休業に関する必要事項は、条例で定める

16 休 業 (2)

◆配偶者同行休業 (法 26 条の 6)

❶申請と承認

職 員	申 請 →	任命権者
	← 承認が可	

（臨時職員・非常勤職員・
任期付任用職員を除く）

● 公務の運営に　と認める　→　条例の定めにより、当該職員の勤務成績そ
　支障がない　　ときは、　　の他の事情を考慮した上で、3 年を超えな
　　　　　　　　　　　　　　い範囲内で条例で定める期間、配偶者同行
　　　　　　　　　　　　　　休業の承認が可

※配偶者同行休業…職員が、外国での勤務その他の条例で定める事由により、
　外国に住所又は居所を定めて滞在する配偶者と生活を共にするための休業を
　いう（届出をしないが、事実上婚姻関係と同様の事情にある者を含む）

❷その他の細目

項　目	内　容
期間の延長	● 配偶者同行休業をしている職員 ↓ 条例で定める期間を超えない範囲内において、任命権者に対し、期間の延長を申請することが可 （条例で定める特別の事情がある場合を除き、1 回に限る） ★上記①「申請と承認」の規定は、配偶者同行休業の期間延長の承認について準用する
休職又は停職処分の扱い	配偶者同行休業をしている職員が休職又は停職の処分を受けた場合 ↓ その効力を失う

項　目	内　容
配偶者死亡時等の扱い	●配偶者が死亡し、又は配偶者でなくなった場合 ⬇ その効力を失う
承認の取消	●配偶者同行休業をしている職員が、配偶者と生活を共にしなくなったことその他条例で定める事由に該当すると認めるとき ⬇ 承認を取り消すものとする
休業する職員の業務処理 ※1　休業する職員の穴埋め任用に関する規定 （筆者注記）	●任命権者は、配偶者同行休業又はその延長の申請があった場合 ⬇ 申請期間について、職員の配置換えその他の方法によって、当該申請した職員の業務を処理することが困難であると認めるとき ⬇ 条例で定めるところにより、当該業務を処理するため、次のいずれかの任用を行うことが可 申請期間を任期の限度として行う 　　ア　任期を定めた採用 　　　　又は 　　イ　臨時的任用 ※2　アの任期が申請期間に満たない場合は、条例の定めにより、申請期間内の範囲で、任期の更新が可 ※3　アで採用された職員を、任期を定めて採用した趣旨に反しない場合に限り、その任期中、他の職に任用することが可 ※4　イの任用は、1年を超えて行うことが不可 ※5　イの任用は、条件付の対象外であり、また76ページの「❸臨時的任用職員の身分取扱い」は適用されるが、74～75ページの人事委員会設置、非設置団体関係の規定は適用されない
自己啓発等休業規定の準用	●自己啓発等休業の規定中、「職及び職務の取扱い」「給与の不支給」「条例への委任」は、配偶者同行休業に準用する

17 分限・懲戒（1）

分限・懲戒と言えば、職員を罰するための規定と認識している人が多いと思います。しかし、裏を返せば、規定されていること以外の理由で、意に反する処分がなされることはないということであり、職員の身分保障になっているという点も是非理解しましょう。

◇分限・懲戒とは

区　分	分　限	懲　戒
目　的	公務能率の維持及び適正な運営の確保	公務における規律と秩序の維持
効　果	職務不振者等の排除手段	職務上の義務違反に対する制裁
処分の性質	職員の意に反する不利益処分	

◇職員の身分保障

ア　民間労働者の場合

雇用期間の定めがなければ、いつでも雇用契約の解約申入れが可
（民法627条）

イ　地方公共団体の職員の場合

分限処分・懲戒処分　＝　職員にとって不利益な処分

→ 法律・条例で定める場合以外は、認められない（法27条）
不当に行使された場合には、審査請求を経た後なら、出訴が可
（法49条の2、51条の2）

◘分限・懲戒の種類（法 27 条②、29 条①）

項目		内容
分限	免職	公務能率を維持する見地から、職員の意に反してその職を失わせる処分
	降任	職員を法令・条例・規則その他の規定により公式の名称が与えられている職で、現在任用されている職より下位の職に任命する処分
	休職	職員に職を保有させたまま、一定期間職務に従事させない処分
	降給	職員が現に決定されている給料の額より低い額の給料に決定する処分（期間限定ではない、給料そのものの変更） ※降任（降格）に伴い給料が下がることは、降給ではない（昭 28.2.23 行実）
懲戒	免職	懲罰として、職員の意に反しその職を失わせる処分
	停職	職員を懲罰として職務に従事させない処分
	減給	一定期間、職員の給料の一定割合を減額して支給する処分（処分が終われば、元の給料額に復する）
	戒告	職員の規律違反の責任を確認し、その将来を戒める処分

☆上表では、分限処分・懲戒処分ともに、重い処分の順序に列挙している

◀ 分限・懲戒の基準 (法 27 条)

> ◎全て職員の分限・懲戒　＝　公正であること

項　目		根　拠
分　限	免　職 降　任	**地公法**で定める事由による場合でなければ、その意に反し、当該処分を受けることはない
	休　職	**地公法**又は**条例**で定める事由による場合でなければ、その意に反し、当該処分を受けることはない
	降　給	**地公法**又は**条例**で定める事由による場合でなければ、その意に反し、当該処分を受けることはない
懲　戒		**地公法**で定める事由による場合でなければ、当該処分を受けることはない

- 「意に反して」とは、「同意を要しないで一方的に」という意味と解する（昭 28.10.22 行実）

- 分限休職と分限降任の 2 つの処分を併せて行うことは可（昭 43.3.9 行実）

- 公務員の退職願の撤回（昭 34.6.26 最裁判）

  → 免職辞令の交付があるまで、原則として自由

  → 信義に反すると認められるような特段の事情がある場合は不可

◆分限と懲戒の関係

◎両者は、目的・性格を異にするものである

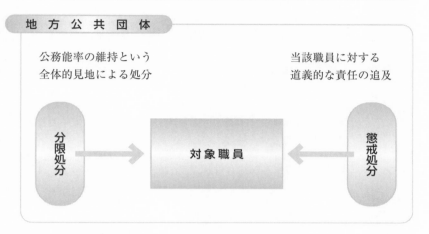

地 方 公 共 団 体

公務能率の維持という
全体的見地による処分

当該職員に対する
道義的な責任の追及

分限処分 → 対象職員 ← 懲戒処分

[両者を重ねて行うことの可否]

分限免職と懲戒免職は効果が共通なので、重ねて行う必要性なし

下記の場合なら、原則として可

ア　免職以外の分限処分を受けた職員に対し、
　　重ねて懲戒処分を行うこと
イ　免職以外の懲戒処分を受けた職員に対し、
　　重ねて分限処分を行うこと

EX

● 休職期間中の職員に、懲戒処分をすることは可（昭 25.1.27 行実）
● 同一事由について、懲戒処分と併せて分限処分を行うことは可
　（昭 42.6.15 行実）
● 職員がした 1 つの行為が、分限の事由に該当するとともに、懲戒の事由にも該
　当する場合において、いずれの処分を当該職員に対して行うかは、任命権者
　が諸般の事情を考慮して裁量により選択することが可（昭 28.1.14 行実）

◪分限処分の事由

> ★職員が次の各事由のいずれかに該当するときは、その意に反し、各項目の分限処分をすることが可

項　目	事　由
免　職 降　任 （法28条①）	①人事評価又は勤務状況を示す事実に照らしての勤務実績不良 ②心身の故障のため、職務の遂行に支障又はこれに堪えない ③前①、②に規定する場合のほか、その職に必要な適格性を欠く場合 ④職制・定数の改廃、予算の減少により、廃職又は過員を生じた場合
休　職 （法27条②、 　28条②）	①心身の故障のため、長期の休養を要する場合 ②刑事事件に関し起訴された場合 ③地公法又は条例で定める事由による場合
降　給 （法27条②）	地公法又は条例で定める事由による場合

条件付採用期間中の職員

臨時的任用職員

分限規定が除外されている（法29条の2①）

「法律・条例で定める事由によることなく、職員の意に反する分限処分は不可」という身分保障がない

ただし、条例で分限についての必要事項の規定が可（法29条の2②）

◆分限処分の取扱い

項　目	事　由
免　職 降　任	●いずれの処分にするかは、その内容と程度に応じて任命権者が裁量により決定すべきであるが、裁量の範囲を逸脱することは不可（昭 48.9.14 最裁判） ●過去に遡って免職処分を行うことは不可（昭 27.9.30 行実）
休　職	●職員が採用される以前に刑事事件に関し起訴されており、採用後に起訴の事実を知った場合でも、休職処分にすることは可（昭 37.6.14 行実） ●職員団体の在籍専従職員が刑事事件で起訴された場合でも、休職処分を行うことは可（昭 38.9.20 行実） ●休職者を条例定数外とすることは可（昭 27.2.23 行実） ●課長が休職処分を受けたときも、休職時に占めていた職を保有する　➡　職と身分は一体のものである 課長を休職処分にしたとき、後任者の課長を別に発令することは可（昭 36.12.21 行実） ●次の期間を休職事由として条例で定めることは不可 ①刑事起訴になるまでの間 ②運転手が免許停止を受けた場合の期間 （昭 44.4.21 行実）
降　給	●職務と責任の変更により給料の号給が下がる場合は、降給には該当しない（昭 28.10.6 行実）

◖懲戒処分の事由

> ★職員が次の各事由のいずれかに該当する場合、懲戒処分をすることが可

項　目	事　由
免　職 停　職 減　給 戒　告 （法29条①）	①地公法、特例法、これらに基づく条例・規則・規程に違反した場合 ②職務上の義務に違反し、又は職務を怠った場合 ③全体の奉仕者たるにふさわしくない非行のあった場合

◖懲戒処分の取扱い

項　目	事　由
免　職	●懲戒免職の場合、日付を遡って発令することは不可 （昭29.5.6 行実） ●依願免職後に、在職中の窃盗行為が発覚しても、それをもって依願免職という行政行為を変更することは不可 （昭26.11.16 行実） ●死亡した職員を懲戒免職することは不可（昭40.1.28 行実）
停　職	●1つの事件につき職員を懲戒処分する場合、例えば最初の1か月を停職処分として、その後2か月間を減給処分とすることは不可（昭29.4.15 行実）
減　給	●給与の支給を受けることなく兼務している職に関しても、減給処分が可（昭31.3.20 行実）

◆懲戒処分の注意事項

項　目	事　由
懲戒処分 全般の 注意事項	●懲戒事由がある場合 　a　懲戒処分を行うかどうか 　b　懲戒処分を行うときにいかなる処分を選ぶか 　↓ 懲戒権者の裁量に任されている 　↓ 裁量権の範囲の逸脱・濫用と認められる場合に限り違法となる（平2.1.18最裁判） ●数個の義務違反に対し、1つの懲戒処分を行うことは可 ●1つの義務違反に対し、2種類以上の処分の併科は不可 　（昭29.4.15行実） ●事件の取調中又は取調中に処分保留になった公務員に対し、懲戒処分を行うことは可であり、取調の完了・処分の決定まで待つ必要はない（昭26.12.20、昭28.8.21行実） ●懲戒処分について、条例で、これを執行猶予することができるような規定を設けることは不可（昭27.11.18行実）

◆懲戒処分と損害賠償の関係

●懲戒処分をした職員に、さらに民法上又は地方自治法上、損害の賠償を行わせることが可（昭29.4.15行実）

●その他、職員には刑罰の適用があるし、国家賠償法に基づき地方公共団体から求償権を行使されることがある

※地方自治法上の職員の賠償責任については、本書姉妹書『完全整理　図表でわかる地方自治法』に詳しく掲載しているので、参照のこと

◆退職前の在職期間中の事由による懲戒処分（法 29 条②）

> 職員がいったん退職し、職員以外の職に就いた後、再び職員となった場合

次の要件があれば、退職前の事由を理由として、懲戒処分を行うことが可

要件1	上記の「職員以外の職」が、**特別職地方公務員等** に該当すること
	①当該地方公共団体の特別職に属する地方公務員 ②他の地方公共団体の地方公務員 ③特定地方独立行政法人の地方公務員 ④国家公務員 ⑤地方公社（地方住宅供給公社、地方道路公社、土地開発公社）その他その業務が地方公共団体若しくは国の事務事業と密接な関連を有する法人のうち条例で定めるものに使用される者
要件2	職員が任命権者の要請に応じて特別職地方公務員等となるために退職したこと
要件3	特別職地方公務員等として在職した後、要件2を前提として、職員として再度採用されたこと （特別職地方公務員等として在職した後、復職することが明示又は黙示に約束されていたこと）
要件4	懲戒処分の事由が職員としての在職期間中に生じたものであること

◆定年前再任用短時間勤務職員等の在職期間中の事由による懲戒処分（法 29 条③）

定年前再任用短時間勤務職員とは（法 22 条の 4 ①）

 条例年齢以上退職者で、条例の定めにより、従前の勤務実績等に基づく選考により、任命権者に、短時間勤務職に採用された者

ア　定年前再任用短時間勤務職員が、条例年齢以上退職者となった日までの引き続く職員としての在職期間（要請に応じた退職前の在職期間を含む）

イ　かつて採用されて定年前再任用短時間勤務職員として在職していた期間

この期間中に、懲戒処分の事由に該当したときは、当該職員に対し懲戒処分をすることが可

◆分限・懲戒処分の手続・効果（法 28 条③、29 条④）

● 職員に対する不利益処分のため、慎重な手続を要する

=

● 法律に特別の定めがある場合を除くほか、 条例 で定めること

通常は各地方公共団体とも、書面交付の要領や休職・停職の期間などを定めている

EX：条例が制定されていない場合には、懲戒処分を行うことは不可
　　（昭 37.2.6 行実）

◆労働基準法による制約

> 職員 ➡ 労働基準法の規定が原則として適用される（法58条③）

原則として、分限・懲戒免職処分は不可

①業務上負傷し、疾病にかかり療養のため休業する期間及びその後30日間（労基法19条①）
②産前産後の休業期間及びその後30日間（労基法19条①）

分限・懲戒免職処分の原則条件

①少なくとも、解雇の30日前に予告が必要（労基法20条①）
②予告しない場合は、30日分以上の平均賃金の支払義務あり（労基法20条①）
（天災事変その他やむを得ない事由のために事業の継続が不可能となった場合又は労働者の責に帰すべき事由のためを除く）

◆依願休職の可否

> 分限処分の休職 ➡ 本来、職員の意に反するものである

> 職員の同意に基づく、依願休職が認められるかどうか？

休職は、地方公務員法28条2項各号の場合以外は、本来法律の予想するところではないが、職員本人が希望し、任命権者がその必要を認めて行った無給の依願休職処分はあえて無効としなければならないものではない
（昭35.7.26最裁判）

◆教育公務員の特例

項　目	内　容
大学の教員等の 分限免職・降任処分 （教特法5条①）	ア　学長・教員　➡　評議会 イ　部局長　　　➡　学　長　　｝｝の審査結果 　　これによらねば意に反する免職は不可 　　（教員の降任についても、同様である）
大学の教員等の 懲戒処分 （教特法9条①）	ア　学長・教員　➡　評議会 イ　部局長　　　➡　学　長　　｝｝の審査結果 　　これによらねば、懲戒処分は不可

◆県費負担教職員の特例

項　目	内　容
分限・懲戒処分 （地教行法38、39条）	●都道府県教育委員会は、市町村教育委員会の内申をまって行う ●県費負担教職員の所属校長は、意見の申出が可 ⬇ 内申に当該意見を付する
分限・懲戒処分の 手続・効果 （地教行法43条③）	●都道府県条例で定める

18 定年退職制（1）

定年退職制には、新たな人材の登用と活性化という意味合いがあります。また、特例規定などの整備で、ベテラン職員の知識・技能・経験を積極的に活用する仕組みも導入されています。最新の法改正は、2023（令和5）年4月から施行されます。

◤定年退職制の体系

定年	勤務延長	
	定年退職	○定年前再任用短時間勤務 ○地方公共団体の組合に関する再任用短時間勤務

◤定年退職制の原則と条例による別の定め

❶原　則（法28条の6①、②）

職員が定年に達したとき

→ 「定年に達した日以後における最初の3月31日までの間で、条例で定める日」に退職する

＝

 定年退職日 ← 国の職員につき定められている定年を基準として、条例で定める

特別な例を除き、令和3年現在は年齢60年である（国公法81条の2②、③）
→令和5〜13年度で段階的に引き上げて、65歳とする
（改正後の国公法81条の6）

❷条例による別の定め（法28条の6③）

ア　職務と責任に特殊性がある
イ　欠員の補充が困難である
国の基準によることが実情に即さないとき

条例で別の定めが可 ←

ただし、国・他の地方公共団体の職員との間に権衡を失しないよう適当な考慮を払うこと

❸適用除外（法28条の6④）

上記❶、❷の規定は、次の者には適用除外

→ ア　臨時的任用職員等、法により任期を定めて任用される職員
　　イ　非常勤職員

◆定年退職の特例 (法 28 条の 7)

任命権者は、下記ア又はイの事由があると認めるときは、定年退職となる職員を、下記aのように引き続き当該職員の職で勤務させることが可

ア　職務遂行上の特別の事情を勘案し、退職により、
イ　職務の特殊性を勘案し、退職により欠員補充が困難となることにより、

　　　　公務運営に著しい支障が生ずる事由として、条例で定める事由

※ただし、異動期間を延長した職員で、定年退職日に管理監督職である職員については、

　　　　管理監督職勤務上限年齢到達日の翌日から、
　　　　それ以降における最初の４月１日までの間

定年退職日まで異動期間を延長した場合に限るものとし、当該期間は、異動期間の末日の翌日から起算して３年を超えることは不可

a　勤務延長
条例の定めにより、定年退職日の翌日から起算して１年を超えない範囲内で期限を定め、当該職員を定年退職日に従事している職務に引き続き勤務させることが可

b　再延長
aの期限が到来する場合、ア又はイの事由が引き続き存するときは、条例の定めにより、１年を超えない範囲内での期限延長が可

c　再々延長
bの期限が到来する場合、ア又はイの事由が引き続き存するときは、条例の定めにより、１年を超えない範囲内での期限延長が可

ただし、当該期限は、定年退職日の翌日から起算して３年（a+b+c）を超えること不可（管理監督職の場合は、当該職に係る異動期間の末日の翌日から起算して３年を超えることは不可）

☆以上に定めるもののほか、これらの規定による勤務に関し必要な事項は、条例で定める

◖定年前再任用短時間勤務職員の任用 (法 22 条の 4)

❶任命権者

条例年齢以上退職者 を、条例の定めにより、従前の勤務実績その他の人事委員会規則で定める情報に基づく選考により、 短時間勤務の職 に採用が可

条例で定める年齢に到達した日以後に退職した者（臨時的任用職員等、法により任期を定めて任用される職員・非常勤職員を除く）

1 週間当たりの通常勤務時間が、同種の常時勤務職の 1 週間当たりの通常勤務時間に比して短い時間である職

● ただし、条例年齢以上退職者➡その者を採用しようとする短時間勤務職の定年退職日相当日を経過した者であるときは、この限りでない
　　　➡ 短時間勤務職員と同種の常時勤務職員の定年退職日をいう

● 「条例で定める年齢」は国公法に規定する国の職員を基準に定めること
● 定年前再任用短時間勤務職員の任期は、採用日から定年退職日相当日までとする
● 定年前再任用短時間勤務職員の採用には、条件付採用の規定は適用しない

❷任命権者の任用権に対する制限

①**条例年齢以上退職者** ➡ その者を採用しようとする短時間勤務職の定年退職日相当日を経過していない者以外の者（つまり経過した者）
　➡ 当該短時間勤務職に採用することは不可
②**定年前再任用短時間勤務職員** ➡ その者を昇任、降任、転任しようとする短時間勤務職の定年退職日相当日を経過していない者以外の者（つまり経過した者）を、当該短時間勤務職に昇任、降任、転任することは不可
　　　➡ 常時勤務職に昇任、降任、転任することは不可

◖地方公共団体の組合に関する再任用 (法 22 条の 5)

❶地方公共団体の組合を組織する団体の任命権者

● 法 22 条の 4 による定年前再任用短時間勤務の採用が可
● 当該組合の条例年齢以上退職者を、条例の定めにより、従前の勤務実績その他の人事委員会規則で定める情報に基づく選考により、短時間勤務の職に採用が可

❷地方公共団体の組合の任命権者

- 法22条の4による定年前再任用短時間勤務の採用が可
- 当該組合を組織する地方公共団体の条例年齢以上退職者を、条例の定めにより、従前の勤務実績その他の地方公共団体の組合の規則で定める情報に基づく選考により、短時間勤務の職に採用が可

※その他詳細規定は、定年前再任用短時間勤務職員の規定を準用する

◆役職定年制

❶管理監督職勤務上限年齢による降任等（法28条の2）

上限年齢は条例で定める

（管理監督職及びその勤務上限年齢を定めるに当たっては、国・他の地方公共団体との間に権衡を失しないよう、適当な考慮が払われなければならない）

任命権者

管理監督職で、その上限年齢到達職員について、異動期間に、

管理監督職以外の職

又は

管理監督職勤務上限年齢が当該職員の年齢を超える管理監督職（以下「他の職」という）

} への降任又は転任（降給を伴う転任に限る）を行う

ただし、次の場合は、この限りではない

異動期間に、この法律の他の規定により、他の職への昇任、降任、転任をした場合

又は

定年退職の特例（法28条の7/本書115ページ参照）により、管理監督職として引き続き勤務させる場合

※他の職への降任又は転任に当たり、任命権者が遵守すべき基準その他必要事項は、条例で定める

❷管理監督職への任用の制限（法28条の3）

任命権者

管理監督職上限年齢到達者を、異動期間の末日の翌日以後、当該管理監督職に採用、昇任、降任、転任することは不可

☆上記❶、❷の規定は、臨時的任用職員等、法により任期を定めて任用される職員には適用しない（法28条の4）

定年退職制 (3)

❸管理監督職勤務上限年齢による降任等及び管理監督職への任用の制限の特例（法28条の5）

- 任命権者は、下記ア又はイの場合に、定年退職となる管理監督職員を、引き続き当該職で勤務させることが可

ア　職務遂行上の特別の事情を勘案し、他の職への降任又は転任により、

イ　勤務の特殊性を勘案し、他の職への降任又は転任により欠員補充が困難となることにより、

→ 公務運営に著しい支障が生ずる事由として、条例で定める事由

a　勤務延長
条例の定めにより、当該管理監督職に係る異動期間の末日の翌日から1年を超えない期間内で、異動期間を延長し、引き続き当該職のまま引き続き勤務させることが可（この期間内に定年退職日がある職員にあっては、異動期間の末日の翌日から定年退職日までの期間内／b、cも同様）

b　再延長
aの期間が到来する場合、上記のア又はイの事由が引き続き存するときは、条例の定めにより、1年を超えない期間内での期間延長が可

c　再々延長
bの期間が到来する場合、ア又はイの事由が引き続き存するときは、条例の定めにより、1年を超えない期間内での期間延長が可

→ ただし、延長される異動期間の末日は、当該管理監督職に係る異動期間の末日の翌日から起算して3年（a+b+c）を超えることは不可

- 任命権者は、上記の規定により異動期間を延長できる場合を除き、他の職への降任又は転任をすべき 特定管理監督職群 に属する管理監督職員について、

職務内容が相互に類似する複数の管理監督職で、欠員補充が容易にできない年齢別構成その他特別の事情があると人事委員会規則で定める管理監督職

→ 他の職への降任又は転任により、欠員補充が困難となることにより、公務運営に著しい支障が生ずる事由として、条例で定める事由があるとき

条例の定めにより、異動期間の末日の翌日から起算して1年を超えない期間内で、異動期間を延長し、
引き続き当該管理監督職として勤務させる
又は
当該管理監督職が属する特定管理監督職群の他の管理監督職に降任し、若しくは転任する
} ことが可

※特定管理監督職にも、再延長、再々延長制度があり、こちらは最長5年延長が可
☆以上❸に定めるもののほか、異動期間の延長、延長に係る職員の降任又は転任に関し必要な事項は、条例で定める

◪定年制に関する附則（法附則21～25）

● 令和5年4月1日～令和13年3月31日における条例で定める定年

→ 国の職員につき定められている特例を基準として、条例で特例を定めること

● 職員の定年について、条例で別の定めをしている場合

→ 令和5年4月1日～令和13年3月31日における定年に関し、条例で特例を定めることが可（ただし、国・他の地方公共団体の職員との間に権衡を失しないよう、適当な考慮を払うこと）

● 任命権者

→ 当分の間、職員が条例で定める年齢に到達する年度の前年度に、当該職員に対し、条例の定めにより、下記ア、イを行うこと
　ア　当該職員が条例で定める年齢到達日以後に適用される任用・給与措置の内容その他必要な情報を提供する
　イ　条例で定める年齢到達日の翌日以後における勤務の意思を確認するよう努める
※1　①臨時的任用職員等、法により任期を定めて任用される職員、②非常勤職員、③その他情報提供・意思確認を行わない職員として条例で定める職員を除く
※2　前年度に職員でなかった者その他情報提供・意思確認を行えない職員として条例で定める職員は、条例で定める期間に行う
※3　上記「条例で定める年齢」、「情報提供・意思確認を行わない職員として条例で定める職員」は、国家公務員法に規定する国の定めを基準として定める

令和5年4月1日施行　地方公務員法改正のポイント

Ⅰ　法律の内容
　①役職定年制（管理監督職上限年齢制）の導入
　②定年前再任用短時間勤務制の導入　③情報提供・意思確認制の新設
Ⅱ　給与に関する措置（各地方公共団体の条例改正により対応）
・当分の間、60歳を超える職員の給料月額は、60歳前の7割水準に設定する
・60歳到達日以後に、定年前退職を選択した職員が不利にならないよう、当分の間、「定年」を理由とする退職と同様に、退職手当を算定する

定年退職制では、職員に関する「定年退職とその特例」、管理監督職に関する「上限年齢と異動期間及びその延長」が、特に難解なので以下に整理します。

職員としての規定

❶定年と定年退職日（法28条の6）

職員が、ある年度内に「定年」（＝条例で定める／一般には60歳（令和3年現在））に到達

➡即、定年になる誕生日に退職するのでなく、

➡定年に達した日以後における最初の3月31日までの間で、条例で定める日

＝「定年退職日」に退職する

［例］9月1日に誕生日で定年（60歳の場合）になる職員

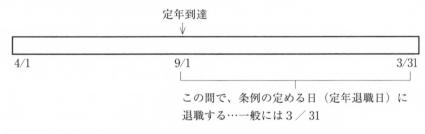

定年到達

| 4/1 | 9/1 | 3/31 |

この間で、条例の定める日（定年退職日）に退職する…一般には3／31

詳細は114ページ「定年退職制の原則と条例による別の定め」

❷定年退職の特例（法28条の7）

職員が、上記❶の状態になった場合、

➡条例で定める特別の事情があれば、定年退職日の翌日から1年を超えない範囲内で期限を定め

➡引き続き当該職員の職としての勤務が可

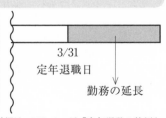

3/31
定年退職日

勤務の延長

詳細は、115ページ「定年退職の特例」

管理監督職としての規定

❸異動期間（法28条の2）

管理監督職が、管理監督職上限年齢（条例で定める）に到達
➡即、上限到達年齢になる誕生日に転任又は降任するのではなく、
➡管理監督職上限年齢到達日の翌日から、それ以後における
　最初の4月1日までの間（異動期間）に、降任又は転任する

［例］9月1日の誕生日で管理監督職上限年齢になる職員

上限年齢到達
↓

| 4/1 | 9/1 9/2 | 4/1 |

異動期間…この間に、降任又は転任

詳細は、117ページ「管理監督職勤務上限年齢による降任等」

❹異動期間の延長（法28条の5）

管理監督職が、上記❸の状態になった場合
➡条例で定める特別の事情があれば、異動期間の末日の翌日から1年を超えない期間内で、異動期間を延長
➡引き続き当該管理監督職としての勤務が可

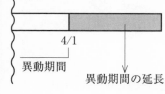

4/1

異動期間

異動期間の延長

詳細は、118ページ「管理監督職勤務上限年齢による
降任等及び管理監督職への任用の制限の特例」

服務・職務命令（1）

職員が仕事をする上での拠り所になる規定ですが、難しいことは一切記載されていません。一見すると当たり前のことを定めているだけのようですが、住民のために職務を遂行することの意義を改めて確認することが重要です。

◆服務に関する規定

①服務の根本基準（法 30 条）　⑤守秘義務（法 34 条）
②服務の宣誓（法 31 条）　　　⑥職務専念義務（法 35 条）
③法令等及び上司の職務上の命令　⑦政治的行為の制限（法 36 条）
　に従う義務（法 32 条）　　　⑧争議行為等の禁止（法 37 条）
④信用失墜行為の禁止（法 33 条）　⑨営利企業への従事等の制限（法 38 条）

◆服務の根本基準（法 30 条）

◎憲法 15 条 2 項
「すべて公務員は、全体の奉仕者であって、一部の奉仕者ではない」

職員の義務	①公共の利益のために勤務すること ②全力を挙げて職務の遂行に専念すること

●具体的規定は、法 35 条（職務専念義務）

◆服務の宣誓（法 31 条）

職員は、条例の定めるところにより、服務の宣誓 をしなければならない
　　　　　　　　　　　　　　　　任命権者ではなく、
　　　　　　　　　　　　　　　　住民に対する宣誓である

職員の服務上の義務
　　　当該宣誓によって生じるのではなく、職員として採用されたことにより、当然に生じる
　　　（宣誓は、職員が服務上の義務を負うことの確認行為である）

職員の責任により宣誓を行わなかったときは、服務義務違反となる

◆法令等及び上司の職務上の命令に従う義務（法 32 条）

> ☆職員は職務遂行に
> 当たり
>
> 法令・条例・規則・規程・
> 上司の職務上の命令　➡　忠実に従うこと

❶法令等に従う義務

- ●あくまで、職務遂行に関係ある法令を遵守する義務である

- ●職員の職務の遂行と直接には関係のない法令

- ●職員が一市民として遵守すべき法令

　これに違反して
も、法 32 条違反
の問題は生じない

❷職務命令に従う義務

ア　職務命令を発する上司

- ●職員を指揮監督する権限を有する者
- ●任用上の地位が上位にある者が、必ずしもすべて上司ではない

EX
- ● A 課長は、B・C・D・E 係長及び F・G・H・I 職員の上司である
- ● B 係長は、F 職員の上司であるが、G・H・I 職員の上司ではない

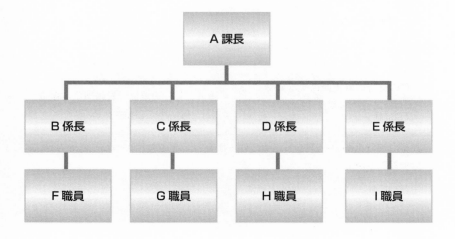

イ　上司の区分

職務上の上司	身分上の上司
職務の遂行について、職員を指揮監督する者	職員の任用・分限・懲戒などの身分取扱いについて、権限を有する者

通常は、職務上の上司は身分上の上司でもあるが、時には両者が明白に分離する場合がある

　　➡️　EX：地方公共団体の長に属する職員が、他の執行機関に従事することを命じられた場合
　　➡️　職務上の上司は当該執行機関であり、身分上の上司は長になる

[県費負担教職員の特例（地教行法 37，43 条）]

項　目	権　限　の　所　在
任命権	都道府県教育委員会
服務の監督	市町村教育委員会
職務遂行に当たり遵守すべきもの	法令、当該市町村の条例・規則等、市町村教育委員会その他職務上の上司の職務命令に忠実に従わなければならない

ウ　職務命令の種類

職務上の命令	身分上の命令
職務の遂行に直接関係する命令 EX：公文書を起案する命令 EX：出張命令	職員としての地位一般に関する命令 EX：病気療養の命令、転任命令
職務の遂行上必要があると認められる限り、名札の着用について職務命令を発することが可 （昭 39.10.1 行実）	

エ　職務命令の要件

手続・形式については制限がないので、文書又は口頭で行うことが可

a　権限ある上司から発せられたこと

● 当該職員を指揮監督する権限を有する上司が発した命令であること
● 地位が上級でも、上司でない者の発した指示等は職務命令ではない
● 階層的に上下関係にある2人以上の上司が異なる職務命令を発した場合
➡　上位の上司の職務命令が優先する
EX：所属の部長と課長の命令が矛盾する場合は、部長の命令が優先し、その限りで課長の命令は効力を生じない

b　職務上の命令は、職務に関するものであること

● 原則として、当該職員の職務に関するものであること
EX：税務課の職員に保健衛生の事務に関する職務命令をしても無効

c　実行可能な職務命令であること

● 法律上又は事実上の不能を命ずるものではないこと
EX：犯罪行為を命ずること（法律上の不能）
　　消滅した物件の収用を命ずること、知識・経験が皆無の者に工事設計を命ずること（事実上の不能）

オ　職務命令に対する部下の審査権

a　職務命令に重大明白な瑕疵がある場合

➡　当然無効であり、部下がこれに従う義務はない
※従った場合は、その行為及びそれによって生じた結果について責任を負う

b　職務命令に取消の原因となる瑕疵があるにとどまるとき
c　有効な命令かどうか疑義があるに過ぎないとき

➡　当該命令は一応有効である推定を受け、職員はそれが権限ある機関により取り消されるまでは、従う義務がある（疑義に対する意見具申は可）
EX：労働基準監督機関の許可を得ないでなされた宿日直命令であっても、職員はこれに従う義務を負い（昭32.9.9行実）、もし、これに従わなかった場合には懲戒処分の対象になる（昭33.5.2行実）
※当該命令に従った場合には、その行為及びそれによって生じた結果については免責される

極めてシンプルな条文ですが、公務に就いている者が持つ責任の重さを痛感させられる一文です。そして、全ての職員は住民の負託を受け、その信用を裏切らないよう日々働くという自覚を肝に銘じることが大切です。

◆住民からの信託

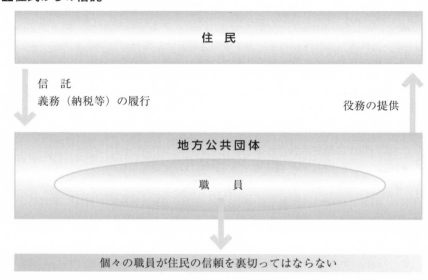

住民

信　託
義務（納税等）の履行

役務の提供

地方公共団体

職　員

個々の職員が住民の信頼を裏切ってはならない

◆職の信用と名誉

| 職　員 | 職の信用を傷つける
職員の職全体の不名誉となるような行為をする | ➡ 禁　止
（法33条） |

● 職務上の行為

● 直接職務に関係のない職員の個人的な行為

 どちらも含まれる

◘対象となる行為

具体的にどのような行為が信用失墜行為に該当するのか一般基準はない

任命権者の恣意的な判断を許すものではなく、客観的な認定が必要である

健全な社会通念に基づき個々の場合について判断する必要がある

[行為の目安]

項　目	内　容
①職の信用を傷つける行為	●当該職員が占めている職の信用を毀損すること ●職務に関連して非行を行った場合の行為 　EX：職権濫用、収賄等の汚職 　　　　政治的行為の制限に関する違反行為 　　　　争議行為の企画・誘導・実行
②職員の職全体の不名誉となるような行為	●職務に関連する非行だけではなく、必ずしも職務に直接関係のない行為も含まれる 　EX：勤務時間外に飲酒運転や違法な賭博を行った場合、破廉恥行為を行った場合

◘綱紀の粛正

●法33条（信用失墜行為の禁止）に違反する行為
　➡　法29条（懲戒処分）の対象となる

○公務員倫理の確立　　○服務規律の確保　　○信賞必罰の徹底

※ただし、法60～63条の罰則の適用はないので注意すること

守秘義務

公務員は、民間企業従事者よりもはるかに他人のプライバシーに触れる機会が多く、その秘密を保持することが求められます。高度情報化時代の今日では、その厳格な運用が必要であり、本規定の重要性がより一層クローズアップされています。

◆秘密の定義

❶行政実例

> 「秘密」とは、一般的に了知されていない事実で、それを了知せしめることが一定の利益の侵害になると客観的に考えられるもの（昭30.2.18 行実）

職務上知り得た秘密

　　　　　職務執行上知り得た秘密

職務上の秘密

　　　　職務上の所管に属する秘密

　　　　　　　　　　　※職務上知り得た秘密に含まれる

❷判　例

> 国家公務員法第100条第1項にいう「秘密」であるためには、国家機関が単にある事項につき形式的に秘密の指定をしただけでは足りず、右「秘密」とは、非公知の事項であって、実質的にもそれを秘密として保護に値すると認められるものをいうと解する（昭52.12.19 最裁判）

◆秘密の漏洩防止（法34条①）

職員は、職務上知り得た秘密を漏らしてはならない

➡ 退職後も同様である

秘密の漏洩

秘密事項を文書で表示したり口頭で伝達するなど、広く一般に知らしめる行為又は知らしめるおそれのある行為をいう

➡ 違反行為には、法60条の罰則の適用がある（201ページ参照）

◆秘密事項の発表の制限（法34条②、③）

法令による証人、鑑定人等となり、職務上の秘密に属する事項を発表する場合

➡ 民事訴訟法、刑事訴訟法、議院における証人の宣誓及び証言等に関する法律、地方自治法、国家公務員法等を指し、人事院規則は含まれない（昭48.7.18行実）

⬇

任命権者の許可を受けること

| 退職者 | その退職した職 又は これに相当する職 | に係る任命権者の許可を受けること |

➡ 「許可」は、法律に特別の定めがある場合を除き、拒むことは不可

※許可が必要なのは、あくまで「職務上の秘密」に限られる

➡「職務上知り得た秘密」で「職務上の秘密」でないものは、許可を要しない

22 職務専念義務

地方公共団体の職員は、仕事をするために集まった集団なので、本規定も当然のものと言えるでしょう。あえてこれを定めているのは、例外があるからであり、この点に注目して勉強をすると理解が進みます。

◇職務に専念する義務（法35条）

公務優先の原則

職　員	
	●勤務時間・職務上の注意力のすべてをその職責遂行のために用いること
	●当該地方公共団体がなすべき責めを有する職務にのみ従事すること

職務専念義務は、もっぱら **勤務時間中** にのみ課せられる（昭26.12.12行実）

↓

- 正規に割振られた勤務時間
- 時間外勤務・週休日の勤務・休日勤務・宿日直勤務を命じられて、これに服する時間

労働運動と言えども、公務に優先するものではない

→ 勤務時間中、公然かつ頻繁に組合活動を行った職員を懲戒免職することは適法である（昭55.10.30大阪高裁判）

勤務時間中のリボン着用は、組合活動を意識しながら職務に従事していたものであり、精神的活動のすべてを職務に集中していたものではないので、職務専念義務違反である（昭57.4.13最裁判）

勤務時間中に法46条（勤務条件に関する措置要求）、法49条の2（不服申立て＝現・審査請求）の権利を行使することは、法律又は条例に特別の定めがない限り、職務専念義務に違反する（昭27.2.29行実）

◆除外規定（法35条）

> 職務専念義務
>
> → **法律**又は**条例**に特別の定めがある場合は除外される
> （ただし、公務優先の原則を前提に、合理的な理由がある場合に限定
> 的に与えること）　➡　下表は主なものの例

	事 由	根 拠	内 容
法律に基づく場合	休 職	法27条 法28条②、③	分限処分の一種で、強制的な職務専念義務の免除である
	停 職	法29条①、②	懲戒処分の一種で、強制的な職務専念義務の免除である
	在籍専従の許可	法55条の2① 地公企労法6条	許可を受けた者は、休職者として取り扱われる
	適法な交渉への参加	法55条⑤、⑥、⑧	任命権者の承認を要すると解されている
	病者の就業禁止	労安法68条	伝染病その他一定の疾病にかかった者について、就業させることは不可
条例に基づく場合	育児休業及び部分休業	地公育休法2条	職員で3歳未満の子を養育する者が対象
	休日・休暇・休憩等	勤務時間・休日・休暇等に関する条例	労基法に基づき条例で定められているものもある
	研修の受講 厚生計画への参加	職務専念義務の免除に関する条例	法35条に直接基づく条例

※職務専念義務が免除されている時間の給与支給の可否
➡　法律に明確な定めがある場合はそれに従い、ない場合には
　　給与条例の定めるところによる

職員は、基本的人権を有する1人の国民という側面と、公務従事者という公的な立場に在る側面を併せ持っています。法は、特に後者に着目して厳しい制限を具体的に設けていますので、1つひとつを漏れなく記憶してください。

◆公務員の政治的中立性

❶全体の奉仕者としての公的な性格

特定の政党その他の政治的団体に偏った奉仕は、不可

❷行政の安定性・継続性

住民福祉の増進のために、住民の日常生活を絶え間なくサポートする必要

→ 政治に左右されない安定的・継続的な行政の執行が求められる

❸政治的影響からの職員の保護

公務員の政治的行為の規制

→ 公務員を政治の世界から切り離し、確固たる身分保障を与える

⬇

法36条（政治的行為の制限）の規定

職員の政治的中立性の保障

→ 地方公共団体の行政
又は
特定地方独立行政法人の
業務

→ ア　公正な運営の確保

イ　職員の利益の保護

→ ア及びイを目的とする趣旨において解釈・運用されること（法36条⑤）

◆公務員の市民的自由との関係

> 公務員も 1 人の国民であり、憲法が規定する基本的人権を当然に有する

→ 政治活動は原則的に自由(市民的自由)であるが、公的立場であるがゆえの制約がある

法律が公務員の政治活動を制限していることは、公共の福祉の要請に適合し、一般国民と異なる取扱いを受けていることは、憲法 14 条(法の下の平等)・21 条(集会・結社・表現の自由)に反するものではない(昭 33.3.12、昭 49.11.6 最裁判)

◆政治的行為の制限の特例規定

❶企業職員

職務内容が公権力の行使に当たるというより、むしろ民間企業と同様であるため、政治的行為を制限する特段の必要がない

課長以上又はこれに相当する職以上の本庁における職に在る者を除く一般職員

→ 法 36 条(政治的行為の制限)は、適用されない(地公企法 39 条②)

❷単純労務職員

職務内容が単純な労務で、公権力の行使に関与しないため、政治的行為を制限する特段の必要がない

→ 法 36 条(政治的行為の制限)は、適用されない(地公企法 39 条②、地公企労法附則⑤)

❸公立学校の教育公務員

教育を通じて国民に奉仕するという職務の特殊性がある

→ 当分の間、法 36 条の規定によらず、 国家公務員の例 による(教特法 18 条①)

↓

一般行政職員に比べて制限が厳しく、制限の地域は全国的である(国公法 102 条①)

※ただし、国家公務員については、違反者に刑罰の適用があるが、公立学校の教育公務員については、懲戒処分の対象になるにとどまり、刑罰の適用はない(教特法 18 条②)

政治的行為の制限 (2)

◀ 禁止されている行為

行　為	制　限　事　項
政治的団体への関与 (法 36 条①)	①政党その他の政治的団体の結成への関与 ②政党その他の政治的団体の役員就任 ③政党その他の政治的団体の構成員になるよう、 　又はならないようにする勧誘運動
政治的意図による行為 (法 36 条②)	A 特定の政党 その他の政治的団体　又は 特定の内閣　若しくは 地方公共団体の執行機関　➡　支持 又は 反対　➡　の目的 B 公の選挙 又は 公の投票　➡　特定の人 又は 特定の事件　➡　支持 又は 反対　➡　の目的 ⬇ 上記 A 又は B の目的で ア　公の選挙又は投票で、投票するよう、又はしないようにする勧誘運動 イ　企画・主宰等、署名運動への積極的な関与 ウ　寄附金その他の金品募集への関与 エ　文書又は図画を地方公共団体等の庁舎・施設等に掲示し、又は掲示させ、その他地方公共団体等の庁舎・施設・資材・資金を利用し、又は利用させる行為 オ　上記ア〜エ以外の条例で定める政治的行為

※ 地方公共団体等　＝　地方公共団体、特定地方独立行政法人

当該職員の属する 地方公共団体の区域 外なら、左ページのうちア～ウ及びオは可　　　　　　　　　　　（☆エは、いずれの区域でも不可）

都道府県の支庁
都道府県の地方事務所　➡　　の勤務者なら、当該所管区域
政令指定都市の区・総合区

※ただし、教育公務員は、いずれの区域でもア～オの政治的行為が禁止されるので、要注意！（133ページ参照）

◆その他の制限事項（法36条③、④）

何人も左ページの
政治的行為を行うよう　➡　①職員に求める
　　　　　　　　　　　　②職員をそそのかす　➡　不可
　　　　　　　　　　　　③職員をあおる

職員が政治的行為を ➡	なし 又は なさない	➡ ことに対する ➡	代償 若しくは 報復	➡ として
任用・職務・給与 その他職員の地位 に関して何らかの ➡	利益 若しくは 不利益	➡ を	ア　与える イ　与えようと企てる ウ　約束する	➡ 不可

職員は、これらの違法行為に応じなかったことで、不利益な取扱いを受けることはない

◆政治的行為の制限の取扱い

● 就任が禁止されている「政治的団体の役員」

　➡ 当該団体の定款・規約等組織を定めたものに役員として規定されているもののほか、事実上これらと同様な役割をもつ構成員が含まれる（昭27.1.26 行実）

● 職員が単に法律の制定自体に反対する目的をもって、署名運動を企画し又は主宰する等これに積極的に関与した場合

　➡ 特定の政党又は内閣等の字句を使用しても、政治的行為の制限に抵触しない（昭27.7.29 行実）

● 職員団体の在籍専従職員も、政治的行為の制限を受ける（昭26.3.9 行実）

● 政治的行為の制限は、個々の職員を対象にしている

　➡ 職員団体自体の行為は、直接にはこれと無関係である

　➡ 職員団体自体の行為が同時に職員個々の行為となるものである場合には、当該職員が制限を受ける（昭26.4.2 行実）

● 職員団体が公の選挙において、選挙告示前に特定人に対して推薦する旨の意思決定をした行為

　➡ 違法とはならない（昭26.5.21 行実）

● 職員団体の事務所を所有又は管理する者が地方公共団体である場合

　➡ 事務所内に政治目的で文書・図画を掲示することは、法36条2項4号に違反する（昭26.4.16 行実）

● 法36条2項4号でいう地方公共団体の庁舎、施設の「施設」には、公営住宅が含まれる（昭33.8.2 行実）

● 職員が特定候補者の依頼により、勤務時間外に選挙事務所で経理事務の手伝い

　➡ 単なる労務の提供であって、法36条2項1号でいう「特定の人を支持し、公の選挙において投票するよう勧誘運動をした」者ではない（昭26.4.12 行実）

● 選挙公報に推薦人として名を連ねる行為

　➡ 禁止されている「勧誘運動」に該当する（昭37.7.11 行実）

◆政治的行為の制限と公職選挙

> 公職選挙法による公務員の政治活動の規制

　　┗➡ 選挙の公明・適正な執行の確保

❶職員の立候補制限

● 職員は、**公職**の候補者となることが禁止されている（公選法89条①）

　　┗➡ 衆議院議員・参議院議員・地方公共団体の議会の議員及び長の職

● 職員が公職の候補者として届出等をしたとき

　　┗➡ 当該届出日に職員を辞したものと見なされる（公選法90条）

※企業職員（課長以上又はこれに相当する職以上の本庁における職に在る者を除く）・単純労務職員は、制限を受けない（公選法89条①Ⅱ、Ⅴ）ので、在職中の立候補が可

❷選挙運動の制限

> **ア　特定公務員の選挙運動の禁止**

　　┗➡ 選挙管理委員会の職員・警察官・徴税吏員は在職中の選挙運動が不可（公選法136条）

> **イ　地位利用による選挙運動の禁止**

　　┗➡ 地方公務員は、一般職たると特別職たるとを問わず、地位を利用して選挙運動をすることは不可（公選法136条の2）

　　┗➡ 学校長・教員は、児童・生徒・学生に対する教育上の地位利用による選挙運動をすることは不可（公選法137条）

> **ウ　地盤培養行為の禁止**

　　┗➡ 衆議院議員又は参議院議員になろうとする職員は、選挙区において職務上の旅行等の機会を利用して選挙人にあいさつする等の事前運動が不可（公選法239条の2）

民間労働者との違いが際立つ規定です。その背景には、主権者たる住民に対し、行政サービスを停滞させることは許されないとの理念があることを理解しましょう。また、本規定は、労働基本権や職員団体とも深く係わるので、それと関連づけて覚えることが大事です。

◆労働基本権と公務員の立場

労働者としての権利	公務員の公共性
憲法 28 条（労働基本権） 「勤労者の団結する権利及び団体交渉その他の団体行動をする権利は、これを保障する」	●全体の奉仕者性 　（憲法 15 条②） ●住民福祉（公共の福祉）の実現 　（自治法 1 条の 2） ●政治的影響力の排除 　（法 36 条）

●労働基本権（勤労基本権）
①団結権
②団体交渉権（団体協約締結権を含む）
③団体行動権（争議権）

※学説・判例では見解が分かれるが、両者を比較考量した上で、公務員の公共性を優先させる考え方が有力となっている

地方公共団体の職員

●労働基本権が制限されている

警察・消防職員は、労働基本権の全てがない
その他の職員は、企業職員・単純労務職員を除き、団体協約締結権・争議権がない

[労働基本権制限の態様]

職　種	団結権	団体交渉権	団体行動権
警察・消防職員	×	×	×
一般行政職員 教育公務員	△	△	×
企業職員 単純労務職員	○	○	×

警察・消防職員

緊急重大性を帯びる職務の性質上、特に強い服務義務を要するので、労働基本権は全面的に禁止されている

一般行政職員・教育公務員

団　結　権

⇒ 労働組合法の適用はないが、地方公務員法上の職員団体を組織することが可

団体交渉権

⇒ 当局との交渉は可であるが、団体協約を締結することは不可
（書面による協定の締結は可であるが、これは団体協約ではない）

企業職員・単純労務職員

団　結　権

⇒ 労働組合法に基づく労働組合の結成・加入が可

⇒ 単純労務職員は、地方公務員法上の職員団体を結成することも可
（労働組合と職員団体の2枚看板が可）

団体交渉権

⇒ 労働組合法上の労働組合の場合には、団体協約を締結することが可

団体行動権

⇒ 地方公務員法37条の適用はないが、地方公営企業等の労働関係に関する法律により、争議行為が禁止されている

◆公務員の労働基本権の制限に関する主な判例

事件名	対象職員・根拠法
政令 201 号事件 （昭 28.4.8 最裁判）	公務員は憲法 28 条の勤労者であるが、その労働基本権は、公共の福祉、また、公務員の全体奉仕者性のため、制限されてもやむを得ない ➡ 公務員の争議行為の一律禁止を定めた政令 201 号は、憲法に違反しない
全逓中郵事件 （昭 41.10.26 最裁判）	争議行為が政治目的、暴力を伴う等の違法性が強いものであり、かつ、国民生活に重大な支障を与える場合 ➡ 刑罰を科すことが可
全農林警職法事件 （昭 48.4.25 最裁判）	公務員の職務には公共性がある一方、法律により主要な勤務条件が定められ、身分が保障されているほか、適切な代償措置が講ぜられている ➡ 公務員の争議行為及びあおり行為等を一律に禁止し、罰則を規定しても、憲法 28 条に違反しない
岩教祖事件 （昭 51.5.21 最裁判）	地方公務員は、地方公共団体の住民全体の奉仕者という特殊な地位を有し、その労務の内容は公共的性質を有するものである ➡ 地方公務員が争議行為に及ぶことは、その地位の特殊性と職務の公共性に相容れないので、国家公務員の場合と同様であり、全農林警職法事件で述べられていることが妥当する
全逓名古屋中郵事件 （昭 52.5.4 最裁判）	国家公務員の地位を有する五現業の職員は、非現業の国家公務員の地位と異なるところはなく、三公社の職員も公法人のために勤務するもので、職務の性質は、非現業の国家公務員についてのものが当てはまる ➡ 五現業と三公社の職員の争議行為の禁止についても、全農林警職法事件で述べられていることが妥当する

[三公社五現業について]

★かつては、下記の国営事業を「三公社五現業」と呼んでいたが、三公社は
すべて民営化された。五現業のうち現業として残っていたのは「林野」の
みであったが、2013（平成25）年に国営企業形態は廃止され、国有林野
事業職員についても労働関係に関する特例は廃止された。

三公社	日本国有鉄道（国鉄） ➡ JR 日本電信電話公社（電電公社） ➡ NTT 日本専売公社（専売公社） ➡ 日本たばこ

五現業	郵政事業 ➡ 日本郵政株式会社 国有林野事業 ➡ 国営企業形態の廃止 印刷事業 ⎫ 造幣事業 ⎬ 独立行政法人 アルコール専売事業 ➡ 国営事業から除外

◆争議行為等の対象（法37条①）

使用者としての住民

争議行為等をすることは不可

地方公共団体

職　員

※職員が争議行為等を禁止されているのは、地方公共団体に対してではなく、
使用者としての住民に対してである

◆禁止される実行行為 (法 37 条①)

項　目	内　容
同盟罷業	労働者が争議行為として、集団的に労務の提供を停止することで、一般には「ストライキ」と呼ばれる
怠　業	業務に従事しながら能率を低下させる等、意識的にその遂行を阻害することで、「サボタージュ」とも呼ばれる
その他の争議行為	スト破りやスト参加者の脱落を防止するため、職場の入口で組合員を見張るピケッティング、勤務時間中に政治的主張を記載したリボンを着用するリボン闘争などがある
地方公共団体の活動能率を低下させる怠業的行為	地方公共団体の執務能率を低下させるが、正常な業務運営を阻害する争議行為には至らないようなものをいう

ハンスト（ハンガーストライキの略で、食事をとらず空腹の状態で座り込みなどの抗議行動をすること）及びビラの配布等の宣伝活動は、勤務時間の内外を問わず、地方公共団体の業務の正常な運営を阻害するものである場合においては、争議行為に該当すると解される（昭 28.9.24 行実）

いわゆる一斉休暇闘争とは、労働者がその所属の事業場において、その業務の正常な運営の阻害を目的として、全員一斉に休暇届を提出して職場を放棄・離脱するものと解するときは、その実質は、年次休暇に名を借りた同盟罷業にほかならない（昭 48.3.2 最裁判）

◆禁止される助長行為（法37条①）

> 禁止される実行行為について、下記の助長行為をすることは不可

項　目	内　容
企　て	争議行為等を実行する計画の作成、そのための会議の開催などをすること
遂行の共謀	2人以上の者が共同で争議行為等を実行するための謀議をすること
そそのかし	職員に対し、争議行為等を実行する決意を促す教唆のこと
あおり	文書・図画・言動で職員に対し、争議行為等を実行する決意を生ぜしめるような、又はすでに生じている決意を助長させるような扇動をすること

これらの行為自体が独立して違法となるものであり、これらの行為の結果、争議行為等が実行されたことを要件としているわけではない
（昭29.4.27最裁判）

★争議行為等の助長行為をした者は、 何人たるを問わず 罰則の適用がある
　（法62条の2）

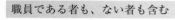

職員である者も、ない者も含む

罰則の適用があるのは、争議行為等の実行行為をした者ではなく、助長行為をした者であるので、要注意！

�«対抗権の喪失（法 37 条②）

> 職員で、争議行為等の禁止規定に違反した者

⬇

行為の開始とともに、地方公共団体に対し、

> 法　令
> 条　例
> 地方公共団体の規則
> 地方公共団体の機関の定める規程

に基づいて
保有する任命上又は雇用上の権利をもって対抗すること不可

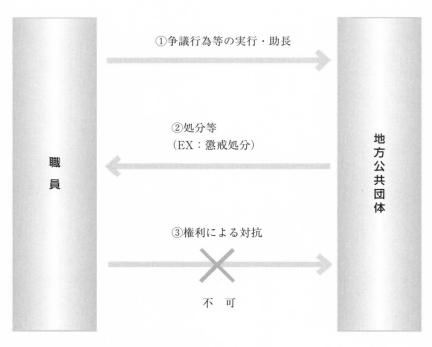

職員

①争議行為等の実行・助長 →

② 処分等
（EX：懲戒処分）
←

③権利による対抗
×
不　可
→

地方公共団体

> 任命上又は雇用上の権利

> ↳ EX：不利益処分に対する審査請求（法 49 条の 2）

◆一般職員と企業職員・単純労務職員の比較

[争議行為等の禁止規定]

項　目　＼　種　別	一般職員	企業職員・単純労務職員
根拠法	地方公務員法 37 条	地公企労法 11、12 条・同附則 5 項
禁止される実行行為	同盟罷業、怠業、その他の争議行為、地方公共団体の機関の活動能率を低下させる怠業的行為	同盟罷業、怠業その他の正常な運営を阻害する一切の行為 ※地方公営企業は、実行行為に対抗して作業所閉鎖をすることは不可
実行行為の対象者	職　員	職員及び組合
禁止される助長行為	企て、遂行の共謀、そそのかし、あおり	共謀、そそのかし、あおり
助長行為の対象者	何人たるを問わない	職　員 組合の組合員・役員
懲戒・罰則等の適用	①争議行為等の態様により、法令等及び上司の職務上の命令に従う義務（法 32 条）、信用失墜行為の禁止（法 33 条）、職務専念義務（法 35 条）などにも違反することがあり、これらの場合には、懲戒処分に該当する ②争議行為等の助長行為をした者には、罰則の適用がある（法 62 条の 2）	①地方公共団体は、争議行為等を実行・助長した職員を解雇することが可 ②争議行為等を実行・助長した者ともに、罰則の適用はない

営利企業への従事等の制限（1）

この規定は、職員の営利企業への従事等を絶対的に禁止しているものではありません。任命権者の許可を要するなど、一定の制約のもとに認められる場合もあるので、行政実例にも注意しつつ、ケース・バイ・ケースの対応を意識してください。

◆意　義

> 営利企業への従事等制限は、下記の❶～❸の趣旨を踏まえて規定されている

❶職務専念義務の遵守

> ア　職員は、職務の遂行に当たっては全力を挙げてこれに専念しなければならない（法30条）
> イ　勤務時間及び職務上の注意力のすべてをその職務遂行のために用い、当該団体がなすべき責を有する職務にのみ従事しなければならない（法35条）

> 職員が公務以外の事業等に従事して、職務に対する集中力が疎かになることを未然に防止しなければならない

❷職務の公正の確保

> ア　すべて公務員は、全体の奉仕者であって、一部の奉仕者ではない（憲法15条②）
> イ　職員は、全体の奉仕者として公共の利益のために勤務する（法30条）

> 職員は、特定の利益に偏することなく、常に中立かつ公正でなければならない

❸職員の品位の保持

> 職員は、職の信用を保持し、職全体の名誉を維持しなければならない

> 職員は住民の信託を受けて職務を遂行するものであり、広くその信頼を得ていなければならない

◆制限される事項（法38条①）

任命権者の許可を受けなければ、下記の営利企業等への従事は不可

項　目	内　容
営利企業等の役員等への就任	● 商業、工業、金融業その他営利を目的とする私企業を営むことを目的とする会社その他の団体の役員 ● その他人事委員会規則（人事委員会非設置団体は、地方公共団体の規則）で定める地位 　　　　　　　　　　　　　　上記を兼ねること
営利目的の私企業の経営	● 自ら営利企業を営むこと
報酬を得ての事務事業従事	● 報酬を得ていかなる事業・事務に従事すること

※ただし、非常勤職員（短時間勤務職員、常勤と同一時間勤務の会計年度任用職員を除く）については、この限りではない
※会計年度任用職員については77ページ参照

◆制限される事項の取扱い

● 「営利を目的とする私企業を営むことを目的とする会社その他の団体」の取扱例

　　a　合名会社、合資会社、株式会社、有限会社、合同会社その他営利行為を業とする社団も含まれ、営利を目的とする限り、農業も含まれる

　　b　農業協同組合・水産業協同組合・森林組合・消費生活協同組合等は、実質的に営利企業類似の行為を行っているが、それぞれを規制する法律で営利を目的としないものとされているため、営利企業等には該当しないと解されている

　　※ただし、報酬を受けてこれらの団体の役員に就任する場合には、任命権者の許可を要す

● 「いかなる事業・事務」とは、全ての事業及び事務を含むものである

（以上、昭26.5.14行実）

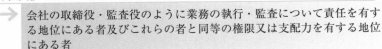

● 「役員」とは

> 会社の取締役・監査役のように業務の執行・監査について責任を有する地位にある者及びこれらの者と同等の権限又は支配力を有する地位にある者

● 「人事委員会規則で定める地位」とは

> 役員・顧問・評議員・清算人等、企業の経営に参加し得る地位をいうが、営利を目的としない団体の地位を定めることはできない

（以上、昭 26.9.12 行実）

● 職員の家族が営利目的の私企業を営むことは禁止されていないが、家族名義で実質的に私企業を営むことは脱法行為に該当すると解される

● 「報酬」とは

> 給料・手当等の名称のいかんを問わず、労働の対価として給付されるもの

● 労働の対価ではない、講演料や原稿料などの謝金、実費弁償としての車代は報酬に該当しない（昭 27.10.2 人事院行実）

● 職員が寺院の住職等の職を兼ね、葬儀・法要等を営む際、布施その他の名目により、事実上当該職員の収入がある場合

> 当該収入は「報酬」とは考えられないので、法 38 条でいう「報酬を得て事業に従事する」とは解されない（昭 26.6.20 行実）

● 職員が特別職の職を兼ね報酬を得る場合

> 同一地方公共団体の内外を問わず、任命権者の許可を要する
> （昭 26.3.12 行実）

● 職員が国家公務員の職を兼ねる場合

> それぞれの任命権者の許可を受ければ差し支えなく、給与は両者が具体的に協議して決定することが適当であり、重複給与にならないように措置すべきである（昭 27.10.10 行実）

● 営利企業等の従事制限の規定は、勤務時間内はもちろん、勤務時間外においても職員に適用される（昭 26.12.12 行実）

● 刑事休職中の職員も営利企業に従事する場合は、許可が必要である
（昭 43.7.11 行実）

◆従事の条件（法38条）

- ●任命権者の許可を受ければ、営利企業等に従事することができる

→ 人事委員会設置団体の場合
人事委員会は、人事委員会規則により、許可の基準を定めることが可

- ●任命権者の許可は、職員の適正な職務遂行の妨げにならない限りにおいて、例外的に与えられる

①職務専念義務の遵守 ➡ 職務遂行上の能率の低下を招くおそれがないこと

②職務の公正の確保 ➡ 当該営利企業等と当該職員の属する地方公共団体とのあいだに特別な利害関係のないこと

③職員の品位の保持 ➡ 住民の信用を損なうおそれがないこと

- ●許可を受けても、職務専念義務は当然に免除されるわけではないので、勤務時間外でない場合には、任命権者による職務専念義務の免除の承認が必要である

◆教育公務員の特例

①教育に関する他の職を兼ねる
②教育に関する他の事業・事務に従事する

➡ 本務の遂行に支障がないと任命権者が認めるとき

- ●給与を受け又は受けないで、その職を兼ね又はその事業・事務に従事することが可（教特法17条①）

※当該規定は、非常勤講師については、適用しない（教特法17条②）

- ●この場合、地方公務員である教育公務員については、人事委員会が定める許可の基準によることを要しない（教特法17条③）

退職管理（1）

職員を退職し、営利企業等に再就職した際に、退職前の職場に働き
かけるなどの行為は、地方公務員法の改正で規制の対象となりまし
た。ただし、条文がかなり複雑なため、本書ではポイントを簡潔明
瞭にまとめました。どうぞ、頭の整理にお役立てください。

◆退職管理制度の背景と概要

● 退職後に関係業界に天下りをした公務員に対しては、退職前に在籍した
職場に利益供与的な要求をするとして、従前から世間の批判があった

● 国家公務員については、国家公務員法で退職管理に関する規定が整備さ
れた

● 地方公務員についても、法整備の機運が高まる

● 2014（平成26）年　地方公務員法の改正による制度の導入へ

［概　要］

①元職員による働きかけの禁止
● 営利企業等へ再就職をした元職員に対し、離職前の職務に関して、現職
員への働きかけを禁止する

②退職管理の適正を確保するための措置
● 地方公共団体は、国家公務員法の規定の趣旨及び当該地方公共団体職員
の離職後の就職状況を勘案し、退職管理の適正を確保するために必要な
措置を講ずるものとする

③再就職情報の届出
● 条例により、再就職した元職員に再就職情報の届け出をさせることがで
きるものとする

④監視体制及び罰則の整備
● 働きかけの規制違反に対する人事委員会又は公平委員会による監視体制
を整備するとともに、不正な行為をするよう働きかけた元職員への罰則
などを設ける
※地方公務員法と同時に、地方独立行政法人法も改正され、特定地方独立
行政法人の役職員等に対しても、同様の措置を講ずるものとした

◆再就職者による依頼等の規制（法38条の2）

❶定　義

再就職者 （法38条の2①）	職員であった者で、離職後に営利企業等の地位に就いている者
地方公共団体の執行機関の組織等 （法38条の2①）	ア　地方公共団体の執行機関（附属機関を含む）の補助機関及び当該執行機関の管理に属する機関の総体 イ　議会事務局（事務局を置かない場合は、これに準ずる組織） ウ　特定地方独立行政法人
特定地方独立行政法人の役職員 （法38条の2①）	特定地方独立行政法人の役員、職員
契約等事務 （法38条の2①）	当該営利企業等若しくはその子法人 ➡との間で締結される売買、貸借、請負その他の契約 又は ➡に対して行われる行政手続法に規定する処分に関する事務
退職手当通算法人 （法38条の2②）	地方独立行政法人その他その業務が地方公共団体又は国の事務・事業と密接な関連を有する法人のうち、人事委員会規則で定めるものをいう（ただし、以下の法人に限る） 退職手当に関する規程で、職員が任命権者又はその委任を受けた者の要請に応じ、引き続いて当該法人の役員又は使用される者となった場合に、職員としての勤続期間を、当該法人としての勤続期間に通算することと定められ かつ 当該地方公共団体の条例で、当該法人の役員又は使用される者として在職した後、引き続いて再び職員となった者の勤続期間を通算することと定められている法人
退職手当通算予定職員 （法38条の2③）	任命権者又はその委任を受けた者の要請に応じ、引き続いて退職手当通算法人の役員又は使用される者となるため退職する職員で、その在職後、特別の事情がない限り引き続いて選考による採用が予定されている者のうち、人事委員会規則で定める者

[勤続期間が通算される（主に、地方公共団体の外郭団体への一時移籍を想定）]

地方公共団体の職員として在籍	➡	退職手当通算法人へ移籍	➡	地方公共団体の職員として復職

※「退職管理」の規定において、「人事委員会規則」の定めがある場合
⇨人事委員会を置かない団体は、「地方公共団体の規則」と読み替える（法38条の2①）

❷禁止される行為

ア 再就職者に関する一般規定（法38条の2①）

再就職者	依頼対象 ➡	離職前5年間に在籍していた	a 地方公共団体の執行機関の組織等の役職員 b 前aに類する者として人事委員会規則等で定めるもの

依頼内容

a、bに対し、

当該団体若しくは特定地方独立行政法人と、
営利企業等若しくはその子法人 }　との間の契約等事務で、

離職前5年間の職務に属するものに関し、

離職後2年間、職務上の行為を { するように 又は しないように } { 要求 又は 依頼 } してはならない

[再就職者のキャリア]

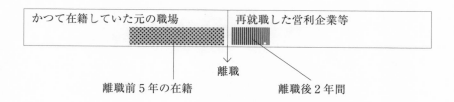

イ　内部組織の長等の地位にあった再就職者の規定（法38条の2④）

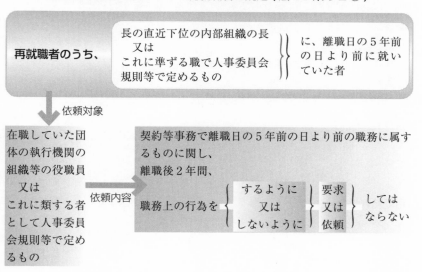

[再就職者のキャリア]

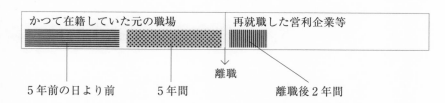

ウ　自ら決定した行為に関する再就職者の規定（法38条の2⑤）

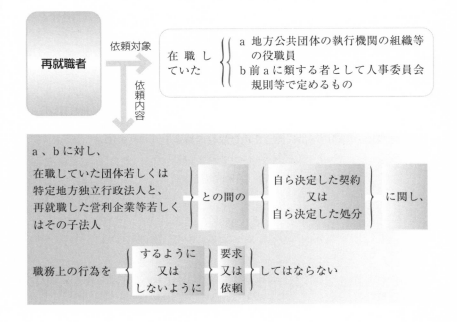

［再就職者のキャリア］

かつて在籍していた元の職場 ［自ら決定した契約、処分］	再就職した営利企業等

　　　　　自らが決定した契約・処分に関しては、規定の定め（制限）はない

❸禁止される行為の除外規定（法38条の2⑥）

前❷の禁止される規定
ア　再就職者に関する一般規定
イ　内部組織の長等の地位にあった再就職者の規定
ウ　自ら決定した行為に関する再就職者の規定

ア、イ、ウは、次に掲げる場合には適用しない

a　指定等を受けた者が行う当該指定等に係るもの
　　若しくは
　　行政庁から委託を受けた者が行う当該委託に係るもの　｝を遂行するために必要な場合

　　※「指定等」……試験、検査、検定その他の行政上の事務で、法律の規定
　　　に基づく行政庁による指定若しくは登録その他の処分

　　地方公共団体・国の事務事業と密接な関連を有する業務として
　　人事委員会規則で定めるものを行うために必要な場合

b　行政庁に対する権利・義務を定めている法令の規定
　　若しくは
　　地方公共団体・特定地方独立行政法人との間で締結された契約　｝に基づき

　　権利を行使し若しくは義務を履行する場合
　　行政庁の処分により課された義務を履行する場合
　　これらに類する場合として人事委員会規則で定める場合

c　行政手続法に規定する申請又は届出を行う場合

d　地方自治法に規定する一般競争入札若しくはせり売りの手続
　　又は
　　特定地方独立行政法人が公告して申込みをさせることによる　　　　｝に従い
　　競争の手続

　　　売買、賃借、請負、その他の契約を締結するために必要な場合

e　法令の規定により又は慣行として公にされ、又は公にすることが予定され
　　ている情報の提供を求める場合
　　（一定の日以降に公にすることが予定されている情報を、同日前に開示す
　　るよう求める場合を除く）

f　再就職者が役職員に対し、契約等事務に関し

　　職務上の行為をするように、しないように要求　　｝公務の公正性の確保に
　　又は　　　　　　　　　　　　　　　　　　　　　　　支障が生じないと認め
　　依頼することにより　　　　　　　　　　　　　　　　られる場合として

　　　人事委員会規則等で定める場合において、その手続により
　　　任命権者の承認を得て、再就職者が当該役職員に対し、
　　　当該契約等事務に関し、
　　　職務上の行為をするように、しないように要求し
　　　又は
　　　依頼する場合

❹職員の届出義務（法38条の2⑦）

● 職員は、前❸の除外規定に該当する場合を除き、
再就職者から、前❷により禁止される要求又は依頼を受けたとき

> 人事委員会規則又は公平委員会規則で定めるところにより、人事委員会又は公平委員会にその旨を届け出ること

❺条例による禁止規定（法38条の2⑧）

● 地方公共団体は、組織規模その他の事情に照らして必要があるときは、

↓

再就職者のうち、国家行政組織法に規定する部長又は課長の職に相当する職として人事委員会規則で定めるものに、離職日の5年前の日より前の日に就いていた者について

↓

当該在職していた団体の執行機関の組織等の役職員又はこれに類する者として
人事委員会規則等で定めるものに対し、

↓

契約等事務で離職日の5年前の日より前の職務に属するものに関し、

↓

離職後2年間、職務上の行為をするように、しないように要求し、
又は依頼してはならないことを、条例により定めることが可

[再就職者のキャリア]

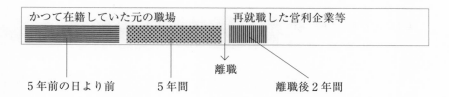

かつて在籍していた元の職場		再就職した営利企業等

5年前の日より前　　　　5年間　　　　離職　　　離職後2年間

◆違反行為の疑いに関する報告 (法 38 条の 3)

- 任命権者は、職員又は職員であった者に法 38 条の 2 (再就職者による依頼等の規制) に規定する規制違反行為を行った疑いがあると思料するとき

  ⟹ その旨を、人事委員会又は公平委員会に報告すること

◆違反行為に関する調査 (法 38 条の 4、38 条の 5)

❶任命権者による調査

- 任命権者は、職員又は職員であった者に規制違反行為を行った疑いがあると思料して、当該行為に関し調査を行おうとするとき

  ⟹ その旨を、人事委員会又は公平委員会に通知すること

❷任命権者に対する調査の要求

- 人事委員会又は公平委員会は、届出、報告、その他の事由により、職員又は職員であった者に規制違反行為を行った疑いがあると思料するときは、任命権者に対し、調査を行うよう求めることが可

❸任命権者に対する報告要求、意見陳述

- 人事委員会又は公平委員会は、任命権者が行う上記❶、❷の調査経過について、報告を求め、又は意見を述べることが可

❹任命権者による調査結果の報告

- 任命権者は上記❶、❷の調査とともに、調査を終了したときは遅滞なく、人事委員会又は公平委員会に結果報告をすること

◆地方公共団体の講ずる措置（法38条の6）

ア　地方公共団体は、下記a、bを勘案し、退職管理の適正を確保するため
　　必要な措置を講ずること

　　　　a 国家公務員法中の退職管理規定の趣旨
　　　　b 当該団体の職員の離職後の就職状況

イ　地方公共団体は、下記a〜eのとおり、条例により、職員であった者に
　　届け出させることが可

　　　a 法38条の2の規制の円滑な実施を図り、又は上記アによる措置を
　　　　講ずるため必要ならば
　　　　　　⬇
　　　b 条例で定めるところにより
　　　　　　⬇
　　　c 職員であった者で条例で定める者が
　　　　　　⬇
　　　d 条例で定める法人の役員その他の地位であって条例で定めるものに
　　　　就こうとする場合又は就いた場合には
　　　　　　⬇
　　　e 離職後条例で定める期間、条例で定める事項を条例で定める者に届
　　　　け出させることが可

◆廃置分合に係る特例（法38条の7）

● 職員であった者が在職していた地方公共団体（元在職団体）の廃置分合に
　より、その事務が他の地方公共団体に承継された場合

　　　当該他の地方公共団体を元在職団体に相当又は類するものとして、
　　　法38条の2等の規制、罰則の規定を適用する

法は、職員に対する厳しい身分規定を設けている反面、職員の権利・利益の保護にも配慮しています。本項では、確立されている制度の本質を捉え、職員が安心して職務に取り組める環境がいかに整っているかを再認識してください。

◆福祉・利益の保護の根本基準（法 41 条）

☆職員の 福祉・利益 の保護は適切かつ公正であること

- ●厚生制度（法 42 条）
- ●共済制度（法 43 条）
- ●公務災害補償（法 45 条）
- ●勤務条件に関する措置要求（法 46 ～ 48 条）
- ●不利益処分に関する審査請求（法 49 ～ 51 条の 2）

職員の福祉・利益の保護に関しては、法 5 条 1 項（条例の制定）及び法 41 条の規定により条例で定めることが可（昭 30.2.15 行実）

◆厚生制度（法 42 条）

| 地方公共団体は、職員の | ➡ | 保健
元気回復
その他厚生に関する事項 | ➡ | に関する計画を樹立・実施すること |

[厚生制度の例]

項　目	内　容
保　健	職員健康診断の実施、健康増進講演会の開催など
元気回復	文化・スポーツ活動などのレクリエーション事業
その他厚生に関する事項	職員互助組合などの各種事業

◆共済制度（法43条）

> 下記①、②の適切な給付を行うための相互救済を目的とする共済制度が実施されること

相互救済を目的とする共済制度

①職員の病気・負傷・出産・休業・災害・退職・障害・死亡
②職員の被扶養者の病気・負傷・出産・死亡・災害

適切な給付

職員が　➡
ア　相当年限忠実に勤務して退職
イ　公務に基づく病気・負傷による退職
ウ　死　亡

本人又は遺族に対する **退職年金に関する制度** が含まれていること

退職又は死亡時の条件を考慮して、本人及び本人が退職又は死亡時に直接扶養する者のその後の適当な生活の維持を図ることを目的とすること

●国の制度との間に権衡を失しないように適当な考慮が払われること

●健全な保険数理を基礎として定めること

●法律によって定めること　➡　地方公務員等共済組合法

◆公務災害補償 (法45条)

| 職員 | ➡ | 公務による死亡・負傷・疾病
公務による負傷・疾病による死亡・障害 |

| 船員である職員 | ➡ | 公務による行方不明 |

本人又は遺族・被扶養者がこれらの原因により受ける損害は、補償 されること

迅速かつ公正な実施を確保するため必要な、「補償に関する制度」が実施されること

下記事項が定められること

● 職員の公務上の負傷・疾病に対する療養・療養の費用負担

● 職員の公務上の負傷・疾病に起因する療養の期間　　　　　所得の喪失に
● 船員である職員の公務による行方不明の期間　　　　　　　対する補償

● 職員の公務上の負傷・疾病に起因する永久・長期の所得能力の阻害における損害補償
● 職員の公務上の負傷・疾病に起因する死亡の場合における遺族又は当該職員の収入によって生計を維持した者の受ける損害補償

● 法律によって定めること　➡　地方公務員災害補償法
● 国の制度との間に権衡を失しないように適当な考慮が払われること

［地方公務員の災害補償制度の特徴］

①公務上の災害だけではなく、通勤途上の災害についても対象としている

　ア　公務災害

　　公務起因性

　　　その災害と公務の間に一定の因果関係が存在すること

　　公務遂行性

　　　職員が任命権者の支配下で、現に公務に従事している状態であること

　イ　通勤災害

　　通勤途上なので、任命権者の支配下にはないが、公務の遂行と通勤は、密接不可分の関係にある

　　➡　通勤と災害との間の因果関係があればよい

②使用者側の**無過失責任主義**をとっている

➡　公務災害の発生について、任命権者に過失があることは必要ではない

　（なお、職員に過失がある場合でも、それが重大な過失がない限り補償の対象となる）

③年金制度の採用による社会保障的性格をもっている

［制度の適用範囲］

●一般職・特別職のどちらも含み、常勤・非常勤を問わず、ほとんど全ての地方公務員に適用される

●議会の議員・各種行政委員会の委員・その他の非常勤職員

　地方公務員災害補償法に基づく各地方公共団体の定める条例により補償（地公災法69条）

●常勤職員

　地方公務員災害補償基金により全国的に同一の補償

　※公務災害に該当するか否かは、職員からの請求主義に基づき、基金が認定（地公災法45条）

28　勤務条件に関する措置要求（1）

職員が仕事をする上で重要な要素となる勤務条件に関し、改善等の要求ができる制度です。あくまで、「勤務条件に関し」という点に注意してください。また、審査請求制度との違いをしっかり判別できるよう、頭の中を整理してください。

◆勤務条件の決定方式と労働基本権の制限

復習その1

[勤務条件決定の構造]

❶民間事業者の場合（労基法13～15条、労組法6条、14条）

❷地方公共団体の場合（憲法93条②、自治法149条Ⅰ、96条Ⅰ、法55条）

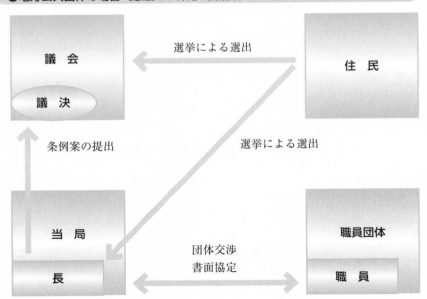

復習その２
［官民労働者の比較］

民間労働者

● 憲法 28 条（労働基本権）の完全保障

> 「勤労者の団結する権利及び団体交渉その他の団体行動をする権利は、これを保障する」

労働基本権（勤労基本権）
①団結権
②団体交渉権（団体協約締結権を含む）
③団体行動権（争議権）

● 契約自由の原則

> 「労働条件は、労働者と使用者が、対等の立場において決定すべきものである」（労基法２条①）

地方公共団体の職員

● 労働基本権の制限

> 警察・消防職員は、労働基本権の全てがない
> その他の職員は、企業職員・単純労務職員を除き、団体協約締結権・争議権がない

◆措置要求制度の意義

①勤務条件の決定方式 ＝ 条例主義
> 条例の制定・改廃等により、勤務条件が維持・改善するよう地方公共団体の当局に働きかける必要

②労働基本権の制限
> 団体協約締結権がないので、労働基本権により勤務条件を維持・改善することは困難である ➡ 代替措置が必要

中立的立場の人事委員会・公平委員会に対する措置要求権の保障

◘職員の権利体系

● 地方公共団体における職員の基本的な権利

①身分を保障され、職務を遂行する権利 ➡ 保障請求権（不利益処分に関する審査請求）

②生活を維持するための経済的権利 ➡ 労働基本権
保障請求権（勤務条件に関する措置要求）

◘措置要求等の仕組み（法46〜48条）

地方公共団体の当局（機関）

⑤権限事項以外の事項について、
必要な勧告をすること

人事委員会
公平委員会 ← 職　員

① が可

②審　査
（口頭審理その他の方法）

給与・勤務時間その他の勤務条件に関し、地方公共団体の当局により適当な措置が執られるべきこと

③判　定
➡
④権限に属する事項は自ら
実行すること

要求・審査・判定の手続
審査・判定の結果執るべき措置 ➡ に関し必要な事項

人事委員会規則又は公平委員会規則で定めること

◪措置要求権者

- ●審査請求制度と違い、条件付採用期間中の職員・臨時職員の除外規定はない（職員であれば基本的に要求は可である）※

- ●職員に限り認められるので、職員個々に又は共同しての措置要求は可だが、職員団体は措置要求することは不可（昭 26.11.21 行実）

- ●退職者は措置要求不可、退職手当でも同様である（昭 27.7.3、29.11.19 行実）

- ●委任を受けない他の職員が代わりに措置要求することは不可（昭 26.10.9 行実）

- ●委任を受けた職員が民法上の代理権の授受に基づいて行う代理行為は可（昭 32.3.1 行実）

  ※労働契約締結権のある地方公営企業職員、単純労務職員、特定地方独立法人の職員は除く

◪措置要求の審査機関

- ●審査権は、人事委員会又は公平委員会に専属する

- ●他団体の人事委員会に、自団体の公平委員会の事務を委託した地方公共団体
  → 受託した団体の人事委員会が審査権を有する

- ●公平委員会を共同設置した場合
  → 当該共同設置された公平委員会が審査権を有する

- ●派遣職員など異なる地方公共団体の職を兼職している職員の場合
  → 措置を求める勤務条件を管理している団体の人事委員会が審査権を有する

- ●県費負担教職員の場合（昭 31.11.16 行実）
  → ア 都道府県教育委員会から任命される教職員
     → 都道府県人事委員会
     イ 市町村教育委員会から任命される教職員
     → 市町村人事委員会又は公平委員会

- ●市町村立小学校の教職員の勤務条件にかかる「当該事項に関し権限を有する地方公共団体の機関」とは、主としてその教育委員会が該当するが、市町村長、議会等の当該市町村の機関も、その事項に関し権限を有する限り、当該「機関」に該当する（昭 27.1.9 行実）

■措置要求事項

措置要求の対象事項	措置要求の対象外の事項
給与・勤務時間その他の勤務条件	左記勤務条件でない事項
⬇	⬇
●職員団体の交渉対象となる勤務条件と同義である （昭 60.1.30 名古屋地裁判ほか） ●「勤務条件とは、給与・勤務時間のような、職員が地方公共団体に対し、自己の勤務を提供し又はその提供を継続するかどうかの決心をするに当たり、一般的に当然考慮の対象となるべき利害関係事項であるものを指す」 （昭 35.9.19 行実）	●地方公共団体の管理運営事項
EX ●勤務条件に関する服務 　（昭 27.4.2 行実） ●現行の勤務条件の不変更要求 　（昭 33.11.17 行実） ●定期昇給が他の者に比較して遅れた場合（昭 34.3.27 行実） ●休暇の不承認処分への不服 　（昭 35.10.14 行実） ●専従休暇を与えるべき要求 　（昭 37.5.4 行実） ●条例上、当然支給されるべき赴任旅費（昭 35.10.3 行実） ●公務災害補償の内容を現在よりも一層充実させる要求 　（昭 29.12.28 行実）	EX ●一般的な服務（昭 27.4.2 行実） ●職員定数それ自体 　（昭 33.10.23 行実） ●旅費や時間外勤務手当等の予算の増額（昭 34.9.9 行実） ●勤務成績の評定制度自体 　（昭 33.5.8 行実） ●当局への交渉応諾要求 　（昭 43.6.21 行実）

◆措置要求の審査

- ●措置要求の判定及び勧告は、要求者の要求事項のみについて行われる（昭 28.12.10 行実）

- ●審査を行う上で必要なら、数個の措置要求を併合し、又は 1 個の措置要求を分離して審査することも可である（昭 33.11.18 行実）

- ●審査を行うときは、必要に応じて証人を喚問し、又は書類若しくはその写しの提出を求めることが可（法 8 条⑥）であるが、もし、これに応じなくても、罰則の適用はない

  ※不利益処分に関する審査請求の場合は、証人喚問・書類等の提出を不当に拒否した者に対する罰則の適用がある（法 61 条Ⅰ）ので、要注意！

- ●措置要求に対する人事委員会の判定について、再審の手続はあり得ない（昭 33.12.18 行実）

- ●人事委員会が既に判定を下した事案
  - ➡ 要求の趣旨・内容が同一と判断される事案について、同一人から再び措置要求が提起
    - ➡ 一事不再理の原理 を適用することは不可（昭 34.3.5 行実）
      - ➡ 一度決定した事項は、再度、審理・決定が不可という原則（一事不再議の原則ともいう）

- ●措置要求の取り下げは、判定が出るまでの間はいつでも可であるが、ひとたび取り下げた場合には、その取り下げを撤回することは不可と解されている（同じ内容の新たな措置要求を行うことは可）

- ●人事委員会が先に下した判定の趣旨を「直ちに実現するよう当局に勧告する」よう求める措置要求は可（昭 35.2.22 行実）

- ●措置要求に対する人事委員会の判定は、取消訴訟の対象となる行政処分に当たる（昭 36.3.28 最裁判）

不利益処分に関する審査請求（1）

出題頻度が高いため、優先的に勉強に取り組みたい分野です。任命権者の義務から人事委員会・公平委員会の役割まで、手続の面で細かい定めがなされているので、1つひとつ丁寧にこなしていきましょう。行政実例にも注意してください。

◆不利益処分に関する説明書の交付（法49条）

❶任命権者による義務

	職員の意に反する不利益処分の実施 →	
任命権者	処分事由を記載した 説明書 の交付 →	**職員**

ア　当該処分につき、人事委員会又は公平委員会に審査請求が可の旨 イ　審査請求期間	➡	記載すること

※1 他の職への降任をする場合又は、他の職への降任等に伴い降給する場合は、この限りではない（交付不要）

※2 処分説明書の記載内容又は処分説明書のけん欠（欠如）は、処分の効力に影響がない（昭39.4.15行実）

❷職員からの請求

意に反する不利益処分を受けたと思うとき

任命権者	①処分事由を記載した　　　説明書の交付請求が可　←	**職員**
	②請求日から15日以内に　　　説明書を交付すること　→	

◆審査請求（法49条の2）

任命権者

①職員の意に反する不利益
処分の実施

職　員

②①の処分を受けた場合、行
政不服審査法による審査請
求が可

人事委員会
公平委員会

| ア　職員の意に反する不利益処分を除く職員に対する処分
イ　職員がした申請に対する不作為 | ➡ | 行政不服審査法による審査請求は不可 |

◆審査請求期間（法49条の3）

①処分があったことを知った日の翌日から起算して3か月以内
②処分があった日の翌日から起算して1年を経過すると不可になる

● 特殊事情があったとしても、期間経過の不服申立て（現・審査請求）を受理することは不可　（昭39.7.17行実）

● 公平委員会規則で、天災その他やむを得ない事由があるときは、不服申立書（現・審査請求書）がその提出期限後に提出された場合でも、期限内に提出されたものと見なす旨定めても差し支えない（昭49.8.29行実）

29 不利益処分に関する審査請求 (2)

◆審査・措置（法 50 条、51 条）

> 地方公共団体の任命権者

④審査結果に基づき、当該処分を ➡ 承　認　修　正　取　消　**必要があれば是正の指示** ➡ すること

その職員の受けるべきであった給与その他の給付を回復するため、必要かつ適切な措置をさせる等、その職員がその処分によって受けた不当な取扱いの是正

| 人事委員会 公平委員会 | ①審査請求が可 | 職　員 |

②直ちに審査（書面審理又は口頭審理）
　処分を受けた職員から請求があれば、口頭審理を行うこと
　➡　その職員から請求があれば、公開して行うこと
③判定（審査請求に対する裁決）

審査請求の手続
審査の結果執るべき措置　➡　に関し必要な事項

人事委員会規則又は公平委員会規則で定めること

☆人事委員会・公平委員会は、審査に関する事務の一部を
　委員又は事務局長　➡　委任することが可

◆審査請求権者

- 職員に申立て権があるが、条件付採用期間中の職員・臨時職員は除外されている（法29条の2①）
- 退職処分に関する限り、退職者も含まれる（昭26.11.27行実）
- 不利益処分に関する審査請求をした職員が退職した場合

    ↳ 退職により請求の利益が失われないものについては、審査を行うこと（昭37.2.6行実）

- 代理人による審査請求は可（昭28.6.29行実）

◆審査請求の審査機関

- 審査権は、人事委員会又は公平委員会に専属する
- 自らの職権で証拠調べをし、審理を進める職権主義が採用されている
- 裁判所における民事訴訟のように、当事者からの証拠資料の提出を待つのではなく、自らの責任で事実を発見する（職権探知主義）

◆審査請求事項

審査請求の対象事項	審査請求の対象外の事項
対象職員の意に反する不利益処分	**意に反する不利益処分でないもの** ＝　合意に基づく処分 　　又は不利益に該当しない処分
EX 分限処分 （法28条） ｝ 免　職 　　　　　降　任 　　　　　休　職 　　　　　降　給 懲戒処分 （法29条） ｝ 免　職 　　　　　停　職 　　　　　減　給 　　　　　戒　告	EX ● 意に満たない昇給発令 　（昭29.7.19行実） ● 定期昇給が行われなかった場合 　（昭29.7.19行実） ● 地方公共団体の機関が、勤務条件に関する人事委員会の勧告を不履行の場合（昭27.1.9行実） ● 休暇の不承認処分への不服 　（昭35.10.14行実） ● 勤勉手当の減額　（昭38.10.24行実）

◆審査請求の審査

> 人事委員会・公平委員会は、法律又は条例に基づく権限行使に必要がある
> ときは、証人喚問又は書類若しくはその写しの提出請求が可（法8条⑥）

項　目	内　容
職権証拠調べ	当事者の一方から提出のあった法8条6項に基づく書類につき、職権で、その相手方たる他の一方の当事者に閲覧・謄写を許さず、人事委員会限りで証拠調べを行い得る（昭41.3.5行実）
却下の事由 （本件の内容審査をする以前に、申立ての要件を満たしていないとして、門前払いになる場合）	①任命権者の処分が不利益処分でないことが明らかになったとき ②審査請求人が審査請求不可の者であるとき ③審査請求期間を経過して、審査請求がされたとき ④申立てに不備があり、命じた期間内に補正をしなかったとき
修正裁決の法律的効果	①形成的効力 　判定の内容が修正である場合、この判定は形成的効力を有する（昭27.9.20行実） ②遡及適用 　任命権者の行った停職処分が減給処分に修正裁決された場合、処分時に遡って減給処分に修正されたものと解する（昭39.8.12行実） ③原処分の内容変更 　修正裁決は、原処分の存在を前提とした上で、その法律効果の内容を変更するものであり、これにより原処分は当初から修正裁決どおりの法律効果を伴う処分として存在していたものと見なされる（昭62.4.21最裁判）
処分事由の目的外転換の禁止	審査の結果、分限免職が不当と判断された場合、懲戒処分による減給又は停職に修正することは不可（昭27.11.11行実）

◆措置要求と審査請求の比較

項　目	勤務条件に関する措置要求	不利益処分に関する審査請求
根拠法	法46～48条	法49～51条の2 行政不服審査法
対象事項	給与・勤務時間その他の勤務条件に関すること	職員の意に反する不利益処分
要求又は請求権者	職　員 　企業職員　　　　　　× 　単純労務職員　　　　× 　条件付採用職員　　　○ 　臨時職員　　　　　　○ 　会計年度任用職員　　○ 　退職者　　　　　　　×	職　員 　企業職員　　　　　　× 　単純労務職員　　　　× 　条件付採用職員　　　× 　臨時職員　　　　　　× 　会計年度任用職員　　○ 　退職者　　　　　　　○
要求又は請求期間	特になし	処分があったことを知った日の翌日から起算して3か月以内（処分があった日の翌日から起算して1年を経過すると、申立ては不可になる）
審査機関	人事委員会又は公平委員会の専属管轄	
審査方法	口頭審理その他の方法	書面審理・口頭審理のいずれか又は両者併用など原則自由（ただし、被処分職員から請求があれば、口頭審理の義務）
審査事務の委任	不可	一部の事務を、人事委員会・公平委員会の委員又は事務局長に委任することが可
審査の結果執るべき措置	①権限事項は自ら実行 ②その他の事項は、権限を有する機関に必要な勧告	①承認 ②修正 ③取消 ④必要があれば是正の指示

◆審査請求と訴訟との関係（法51条の2）

［審査請求前置主義（訴願前置主義）］

> ● 人事委員会・公平委員会に審査請求が可の処分の取消訴訟

　　　　人事委員会又は公平委員会の裁決を経た後でなければ、提起不可

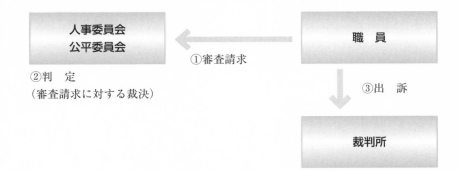

人事委員会
公平委員会

①審査請求

職　員

②判　定
（審査請求に対する裁決）

③出　訴

裁判所

※人事委員会・公平委員会に審査請求が不可の処分の取消訴訟
　　　直ちに出訴が可
　　EX：
　　企業職員・単純労務職員・条件付採用職員・臨時職員に対する不利益処分

※不利益処分でない処分に関する訴訟は、審査請求前置主義の適用はない

※無効等確認訴訟、不作為違法確認訴訟は、審査請求前置主義の適用はない

［審査請求前置主義の例外（行訴法8条②）］

①審査請求があった日から3か月を経過しても裁決がないとき

②処分、処分の執行又は手続の続行により生ずる著しい損害を避けるため緊急の必要があるとき

③その他裁決を経ないことにつき正当な理由があるとき

[地方公共団体の機関による出訴の禁止]

> 人事委員会の判定につき、任命権者その他地方公共団体の機関の側からは、不服があっても出訴は不可（昭 27.1.9 行実）

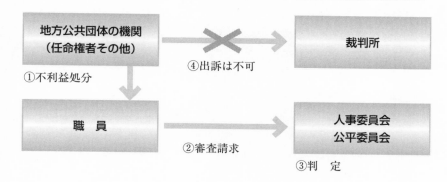

[地方公共団体の機関による応訴]

> 人事委員会の判定につき、職員側から出訴し、第一審裁判所で原判定が取り消された場合、任命権者その他地方公共団体の機関の側から控訴（応訴すること）が可（昭 27.1.9 行実）

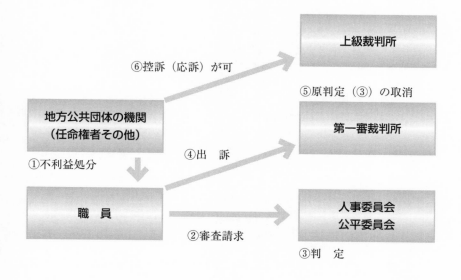

30 職員団体（1）

本法の中で、かなり大きなウエイトを占める分野であり、昇任試験の頻出箇所の１つです。結成や登録、交渉のルール、在籍専従の取扱いなど覚えるべき項目は多岐にわたります。また、労働組合法上の労働組合との違いにも注意してください。

◇職員団体の定義とその構成員（法 52 条）

職員団体

職員 が勤務条件の維持改善を図ることを目的として組織する ｛団　体／又　は／団体の連合体｝

↓

ア　警察・消防職員以外の職員をいう
（警察・消防職員は、職員団体の結成・加入不可）

イ　企業職員は本条の適用がないので、職員に該当しない

↓

ここでいう「職員」には、一般行政職員、教育公務員、単純労務職員が該当する

☆職員団体は、当該団体の職員が主体になって組織されていればよく（少なくても過半数は必要と考えられる）、それ以外に若干の非職員が加入していても差し支えないと解されている

EX：

①警察・消防職員
たとえ警察・消防職員が加入していても、それにより職員団体の性格に影響を与えるものではないが、警察・消防職員には本来団結権すら認められていないため、加入した場合には服務義務違反として懲戒処分の対象になる

②企業職員
一般職員が主体となって組織されていれば、小規模の地方公営企業の職員が職員団体に加入した場合でも、当該団体は法上の職員団体である（昭 41.6.21 行実）

③民間企業の労働者

➡　ただし、これらの場合には、登録団体となることは不可

☆職員団体は、勤務条件の維持改善を図ることを主たる目的としていれば、
　従たる目的を併せ持つことは可
　　EX：
　　文化祭・運動会・バザーなどのレクリエーションや文化的・社会的目的
　※政治的目的について　➡　法上は可
　　　職員団体が政治的目的を従たる目的として持つことは、地方公務員
　　法の関知するところではない　（昭26.3.13行実）
　　（ただし、職員には法36条で政治的行為が制限されている）

☆単位団体と連合体
　①単位団体
　　●当該地方公共団体の１つの職員団体
　　　＝　単位職員団体（通常は、単位団体又は単組と略して呼ぶ）
　②連合体
　　●単位団体が複数集まり連合した職員団体
　　　同一の地方公共団体のものであっても、異なる地方公共団体のもの
　　　であっても可

[EX：各種パターンの区別]

項　目	職員団体か否か
一般職員の職員団体と教職員の職員団体との連合	○
一般職員の職員団体と単純労務職員の職員団体との連合	○
登録職員団体と非登録職員団体との連合 （ただし、この場合には、登録連合職員団体となることは不可）	○
連合職員団体と連合職員団体とが、さらに上級の連合職員団体を結成すること	○
一の単位連合団体が異なる二以上の連合団体に加入する	○
職員団体と労働組合法上の職員による労働組合との連合	×
職員団体と民間企業の労働組合との連合	×

職員は、職員団体を $\left\{ \begin{array}{l} \text{結成し} \\ \text{若しくは} \\ \text{結成せず} \end{array} \right\}$ $\left\{ \begin{array}{l} \text{加入し} \\ \text{若しくは} \\ \text{加入しない} \end{array} \right\}$ ことが可（オープン・ショップ制）

[労働組合の加入形式]

項 目	内 容
オープン・ショップ制	当該事業所の労働者が労働組合の構成員になることもならないことも自由である制度
ユニオン・ショップ制	当該事業所の労働者として採用されたときは、必ず労働組合の構成員となり、労働組合の構成員でなくなったときは、当該事業者の労働者としての身分を失う制度
クローズド・ショップ制	当該事業所の労働者は、必ず労働組合の構成員の中から採用しなければならない制度

管理職等とそれ以外の職員は、同一の職員団体を組織することが不可（組織する場合には、法上の「職員団体」には該当しない）

[管理職等……範囲は、人事委員会規則又は公平委員会規則で定める]

①重要な行政上の決定を行う職員

②重要な行政上の決定に参画する管理的地位にある職員

③職員の任免に関して直接の権限を持つ監督的地位にある職員

④職員の任免・分限・懲戒・給与その他の勤務条件又は職員団体との関係についての当局の計画・方針に関する機密事項に接し、そのためにその職務上の義務と責任とが職員団体の構成員としての誠意と責任に直接に抵触すると認められる監督的地位にある職員

⑤その他職員団体との関係において、当局の立場に立って遂行すべき職務を担当する職員

◆職員団体の登録（法 53 条①、②）

```
                    登録申請が可
┌─────────────┐  ←──────────  ┌─────────────┐
│ 人事委員会    │               │   職  員    │
│ 公平委員会    │               └─────────────┘
└─────────────┘
              申請書
              規  約  }} を添えること
```

登録必要書類	最低限の記載事項
申請書	理事その他の役員の氏名及び条例で定める事項
規　約	①名　称 ②目的及び業務 ③主たる事務所の所在地 ④構成員の範囲及びその資格の得喪に関する規定 ⑤理事その他の役員に関する規定 ⑥業務執行・会議・投票に関する規定 ⑦経費及び会計に関する規定 ⑧他の職員団体との連合に関する規定 ⑨規約の変更に関する規定 ⑩解散に関する規定

★規約・申請書の記載事項に変更があったときは、条例の定めにより、
人事委員会又は公平委員会に届け出ること（法 53 条⑨）

［登録団体のメリット］

①当局に対し、交渉応諾義務を課すことが可（法 55 条①）

②在籍専従職員の許可を得ることが可（法 55 条の 2 ①）

◖登録団体の要件 (法 53 条③、④)

> 登録される資格を有し、及び引き続き登録されているための条件

❶同一団体に属する警察・消防職員以外の職員のみをもって組織されていること

ア　分限免職又は懲戒免職の処分を受け、処分日の翌日から起算して 1 年以内の者

又は

イ　その期間内に審査請求をし、若しくは出訴し、これに対する裁決・裁判が未確定の者

→ 上記ア又はイの者を構成員にとどめていること ── 妨げない

ウ　当該職員団体の役員である者を構成員としていること

❷単体である職員団体の場合

下記の手続を定め、現実にそれにより決定されること

すべての構成員

平等に参加する機会を有する直接かつ秘密の投票で全員の過半数（役員の選挙は、投票者の過半数）で決定される旨の手続を定める

重要行為（規約の作成・変更、役員の選挙、<u>その他これらに準ずる行為</u>）の決定

EX：他の諸団体との連携・連合・加入・脱退・解散などが該当する（昭 26.11.16 行実）

❸連合体である職員団体の場合

下記の手続を定め、現実にそれにより決定されること

A 構成団体	B 構成団体
すべての構成員	すべての構成員

平等に参加する機会を有する<u>構成団体ごと</u>の直接かつ秘密の投票

代議員の選出（投票者の過半数）

すべての代議員

平等に参加する機会を有する直接かつ秘密の投票で全員の過半数（役員の選挙は、投票者の過半数）で決定される旨の手続を定める

重要行為（規約の作成・変更、役員の選挙、その他これらに準ずる行為）の決定

※❷、❸で役員の選挙をする場合において、候補者が定員を超過しない場合も、個々の候補者について信任投票を行う必要がある（昭 26.7.24 行実）

◆登録の実施・取消等

❶登録の実施（法53条⑤）

①登録申請

③通　知

②登　録

登録要件（176ページ参照）に適合する場合、
条例の定めるところにより、規約・申請書の記載事項を登録すること

※上記「登録の実施」の手続は、規約・申請書の記載事項に変更があるとき
　に準用する

※職員でない者の役員就任を認めている職員団体を、そのゆえをもって登録
　要件に不適合と解してはならない

❷登録効力の停止・取消（法53条⑥～⑧）

● 登録団体が下記ア～ウのとき、人事委員会・公平委員会は、条例により
　　a　60日を超えない範囲内での登録効力の停止
　　b　登録の取消　　　　　　　　　　　　　　　　　　　➡　可

ア　職員団体でなくなったとき
　　EX：管理職等とそれ以外の職員が同一の職員団体に加入したときな
　　　　ど、法上の職員団体としての要件を満たさなくなった場合
イ　規約への記載事項、登録団体の要件について、規定不適合の事実があっ
　　たとき
ウ　規約又は申請書の記載事項に変更があるのに、その届出をしなかったとき

● 取消に係る聴聞の期日における審理
　　当該職員団体から請求があったときは、公開で行うこと

● 取消
　　a　当該処分の取消の訴えを提起できる期間内
　　b　訴えの提起があったときは、当該訴訟が　　➡　効力を生じない
　　　　裁判所に係属する間

❸解散の届出（法53条⑩）

● 登録団体が解散したときは、条例の定めにより、人事委員会又は公平委員会に届け出ること

[法人格取得のメリット]

①自らの名義で財産を所有することが可
EX：職員会館など不動産の取得・登記
②自らの名義で日常取引きをすることが可
EX：日用品の購入、預貯金の名義など
③税法上の優遇措置を受けることが可
EX：法人たる職員団体は、労働組合と同様に、法人税、住民税等の非課税措置を受けることが予定されている（昭26.1.10通知）

◆交　渉（法55条）

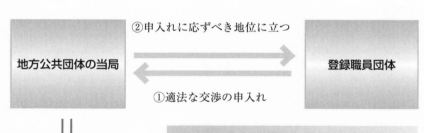

②申入れに応ずべき地位に立つ

地方公共団体の当局 → 登録職員団体

①適法な交渉の申入れ

交渉事項について適法に管理・決定が可である当局

ア　職員の給与・勤務時間その他の勤務条件
イ　アに附帯する社交的又は厚生的活動を含む適法な活動に係る事項

● 教職員の勤務条件に関する交渉

→ 「当該地方公共団体の当局」でありさえすれば、都道府県教育委員会であると知事であるとを問わず、個々の交渉事項によって「当該地方公共団体の当局」は、それぞれ異なる（昭28.10.19行実）

● 職員団体を支援する目的で、職員団体が構成員以外の者（労働組合員・自治労組合員など）を交渉の場に参加させた場合

→ その者が職員団体から正当な委任を受けた場合を除き、当局は交渉に応ずる義務はない（昭38.10.18行実）

● 地方公共団体の事務の管理運営事項は、交渉の対象とすることが不可

● 適法な交渉は、勤務時間中でも可

→ ただし、職務専念義務の免除は、権限を有する者の承認を得ること（昭41.6.21行実）

[交渉権の行方]

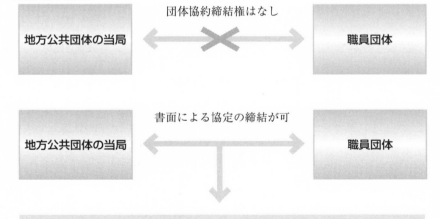

団体協約締結権はなし

地方公共団体の当局　✕　職員団体

書面による協定の締結が可

地方公共団体の当局　職員団体

法令・条例・規則・規程に抵触しないこと
双方が誠意と責任をもって履行すること

[交渉のルール]

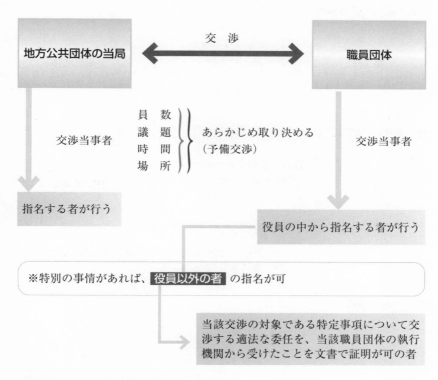

地方公共団体の当局 ←—交 渉—→ 職員団体

交渉当事者

員　数
議　題
時　間
場　所
｝あらかじめ取り決める（予備交渉）

交渉当事者

指名する者が行う

役員の中から指名する者が行う

※特別の事情があれば、役員以外の者 の指名が可

当該交渉の対象である特定事項について交渉する適法な委任を、当該職員団体の執行機関から受けたことを文書で証明が可の者

[下記の場合には、交渉の打ち切りが可]

- ●上記交渉のルールに適合しないこととなったとき
- ●他の職員の職務遂行を妨げることとなったとき
- ●地方公共団体の事務の正常な運営を阻害することとなったとき

職員は、職員団体に属していないとの理由で

ア　職員の給与・勤務時間その他の勤務条件
イ　アに附帯する社交的又は厚生的活動を含む適法な活動に係る事項
｝に関し｛
a　不満の表明
b　意見の申し出

→ a 又は b の自由を否定されてはならない

◆職員団体のための職員の行為の制限 (法 55 条の 2)

❶在籍専従の原則禁止

職　員	業務へのもっぱら従事 (在籍専従) は不可　→	職員団体

❷任命権者の許可による登録団体の在籍専従

職　員	役員として業務へのもっぱら従事 (在籍専従) が可　→	登録職員団体

許　可 ＝＝＝ ア　相当と認める場合に与えることが可 (任意)
イ　 有効期間 を定めること

任命権者

● 職員としての在職期間を通じて5年(地公企労法6条1項の規定により、労働組合の業務にもっぱら従事したことがある職員については、5年からそのもっぱら従事した期間を控除した期間)

法附則 20 項で、当分の間「5 年」とあるのは、「7 年以下の範囲で人事委員会規則又は公平委員会規則で定める期間」とする、とされている

を超えること不可

POINT　在籍専従制度の適用

①登録団体に対するものであること
②役員となる場合であること
③もっぱら従事するものであること
④任命権者の許可を受けること

在籍専従の許可を受けた職員

ア 登録団体の役員として、もっぱら従事する者でなくなったとき
→ 許可は取り消される
イ 許可が有効な間は、休職者である
→ a いかなる給与も支給されない
→ b 退職手当の算定基礎となる勤続期間に算入されない

休職者としての身分取扱い

ア 昇任試験の受験 → 職を保有しているので、受験は可
イ 分限処分 ┃┃→┃職員たる身分を保有している以上、
ウ 懲戒処分 ┃┃ ┃対象とすることは可
エ 措置要求・審査請求 → ┃法上不可の職員（企業職員等）を
　　　　　　　　　　　　 ┃除き、可
オ 条例定数の扱い → 定数外とすることが可

地方公務員の専従休暇

地方公務員の団結権等を保護するため、特に法律で認められた制度であり、団結権に内在し又はそれから当然に派生する権利に基づくものではない（昭40.7.14最裁判）

ヤミ専従に慣行の効力が認められる余地はなく、このような行為を行った職員に対する懲戒免職処分は適法である（昭55.4.11最裁判）

❸職員団体のための業務・活動の制限

職員は、条例で定める場合を除き、給与を受けながら、職員団体のために業務を行い、又は活動すること不可

◆不利益取扱いの禁止（法56条）

職員は、 →
①職員団体の構成員であること
②職員団体を結成しようとしたこと
③職員団体に加入しようとしたこと
④職員団体のために正当な行為をしたこと
→ により不利益な取扱いを受けることはない

この項では、教職員や単純労務職員などの特例的な規定と、他法で職員に関して適用除外になるものについて定めています。条文上ではわかりにくいので、本書を参考にして自分なりに整理してみましょう。

◆特　例（法57条）

[別に法律で定める　➡　ただし、法1条の精神に反しないこと]

職　別	内　容
公立学校の教育公務員	地教行法、教特法
単純労務職員	地公企労法附則⑤
その他その職務と責任の特殊性に基づいて、法に対する特例を必要とするもの	企業職員　➡　地公企法、地公企労法 警察職員　➡　警察法など 消防職員　➡　消防組織法など

[法1条の精神]

| 法の目的 | ●地方公共団体の人事機関
●地方公務員の人事行政 | 根本基準の確立 |
| ●地方公共団体の運営の民主的・能率的な運営
●特定地方独立行政法人の事務・事業の確実な実施 | 保　障 |
| 地方自治の本旨の実現 |

労働基準法における事業種別（労基法別表1）

①物の製造・改造・加工・修理・洗浄・選別・包装・装飾・仕上げ・販売のためにする仕立て、破壊・解体・材料の変造の事業
（電気・ガス・各種動力の発生・変更・伝導の事業・水道事業を含む）
②鉱業・石切り業その他土石又は鉱物採取の事業
③土木・建築その他工作物の建設・改造・保存・修理・変更・破壊・解体又はその準備の事業
④道路・鉄道・軌道・索道・船舶・航空機による旅客又は貨物の運送の事業
⑤ドック・船舶・岸壁・波止場・停車場・倉庫における貨物の取扱いの事業
⑥土地の耕作・開墾・植物の栽植・栽培・採取・伐採の事業その他農林事業

◆他法の適用除外（法58条）

❶適用除外

労働組合法及びこれに基づく命令

労働関係調整法及びこれに基づく命令 ｝職員に不適用

最低賃金法及びこれに基づく命令

労働安全衛生法第2章

船員災害防止活動の促進に関する法律
第2章・第5章及びこれに基づく命令 ｝労基法別表1①〜⑩、⑬〜⑮までに掲げる事業に従事する職員以外には、不適用

労働基準法
　2条（労働条件の決定）
　14条②、③（契約期間等）
　24条①（賃金の支払）
　32条の3、32条の5（労働時間）
　38条の2②、③、38条の3、38条の4（労働時間の計算等）
　39条⑥〜⑧（年次有給休暇）
　41条の2（高度プロフェッショナル制度の労働時間等に
　　関する規定の適用除外）
　75条〜93条（8章 災害補償・9章 就業規則）
　102条（司法警察官の職務）
　　　　　　　　　　　　　　　　　　　　　　　　　｝基本的に、職員に不適用

その他、労働安全衛生法・船員法・船災防法の一部に適用除外規定がある

⑦動物の飼育・水産動植物の採捕・養殖の事業その他の畜産・養蚕・水産の
　事業
⑧物品の販売・配給・保管・賃貸・理容の事業
⑨金融・保険・媒介・周旋・集金・案内・広告の事業
⑩映画の製作・映写・演劇その他興行の事業
⑪郵便・信書便・電気通信の事業
⑫教育・研究・調査の事業
⑬病者・虚弱者の治療、看護その他保健衛生の事業
⑭旅館・料理店・飲食店・接客業・娯楽場の事業
⑮焼却・清掃・と畜場の事業

31 特例・他法の適用除外等 (2)

❷読み替え規定

労働基準法		地公法での扱い
32条の2①（週40時間労働の例外） 使用者は、当該事業場に、労働者の過半数で組織する労働組合がある場合においてはその労働組合、労働者の過半数で組織する労働組合がない場合においては労働者の過半数を代表する者との書面による協定により、又は	読み替え→	使用者は、
34条②ただし書（休憩時間一斉付与の例外） 当該事業場に、労働者の過半数で組織する労働組合がある場合においてはその労働組合、労働者の過半数で組織する労働組合がない場合においては労働者の過半数を代表する者との書面による協定があるときは	読み替え→	条例に特別の定めがある場合は
37条③（割増賃金支払に代わる休暇付与） 使用者が、当該事業場に、労働者の過半数で組織する労働組合があるときはその労働組合、労働者の過半数で組織する労働組合がないときは労働者の過半数を代表する者との書面による協定により	読み替え→	使用者が

労働基準法	地公法での扱い
39条④（時間単位の有給休暇付与）当該事業場に、労働者の過半数で組織する労働組合があるときはその労働組合、労働者の過半数で組織する労働組合がないときは労働者の過半数を代表する者との書面による協定により、次に掲げる事項を定めた場合において、第1号に掲げる労働者の範囲に属する労働者が有給休暇を時間を単位として請求したときは、前3項の規定による有給休暇の日数のうち第2号に掲げる日数については、これらの規定にかかわらず、当該協定で定めるところにより	前3項の規定にかかわらず、特に必要があると認められるときは、

読み替え

❸労働基準監督機関の職権

労基法・労安法・船員法・船災防法及びこれらに基づく命令の規定中、職員に関して適用されるものを適用する場合における勤務条件に関する労働基準監督機関の職権	労基法別表1①〜⑩、⑬〜⑮までに掲げる事業に従事する職員の場合を除き、人事委員会又はその委任を受けた人事委員会の委員が行う（人事委員会非設置団体は、当該団体の長が行う）

特例・他法の適用除外等（3）

◖企業職員・単純労務職員に関する規定

企業職員

●地方公営企業の範囲（地公企法2条①）

ア　水道事業（簡易水道事業を除く）	オ　鉄道事業
イ　工業用水道事業	カ　電気事業
ウ　軌道事業	キ　ガス事業
エ　自動車運送事業	

これらの管理者の権限に属する事務の執行を補助する職員を企業職員という（地公企法15条①）

単純労務職員

●企業職員に該当しない一般職に属する地方公務員で、次に掲げる労務のうち、技術者・監督者・行政事務担当者以外の者をいう

ア　守衛、給仕、小使、運搬夫、雑役夫

イ　土木工夫、林業夫、農夫、牧夫、園丁、動物飼育人

ウ　清掃夫、と殺夫、葬儀夫

エ　消毒夫、防疫夫

オ　船夫、水夫

カ　炊事夫、洗濯夫、理髪夫

キ　大工、左官、石工、電工、営繕工、配管工、とび作業員

ク　電話交換手、昇降機手、自動車運転手、機械操作手、火夫

ケ　青写真工、印刷工、製本工、模型工、紡織工、製材工、木工、鉄工

コ　熔接工、塗装工、旋盤工、仕上組立工、修理工

サ　その他、これらの者に類する者

※上記は、「単純な労務に雇用される一般職に属する地方公務員の範囲を定める政令」（昭和26年政令25号）の規定であるが、法律的にはこの規定はすでに失効している

実際上は、各地方公共団体が上記政令等を参考に範囲を定める

●単純労務職員には、地公企法38条、39条が準用される（地公企労法附則⑤）

38条（給　与）

39条（他の法律の適用除外等）

◆企業職員・単純労務職員に関する地公法の適用除外
（地公企法 39 条、地公企労法附則⑤）

● 5 条（人事委員会・公平委員会の設置条例、職員に関する条例の制定）

● 8 条（人事委員会・公平委員会の権限）

> ただし、次のものは適用される
> 1 項 4 号　　人事行政に関する任命権者への勧告
> 1 項 6 号　　職員の競争試験・選考
> 3 項　　　　人事委員会の権限の委任
> 5 項　　　　人事委員会規則・公平委員会規則の制定

● 14 条（情勢適応の原則）2 項　講ずべき措置に関する人事委員会の勧告権

● 23 条の 4（人事評価に関する勧告）

● 24 条（給与・勤務時間その他の勤務条件の根本基準）

● 25 条（給与に関する条例・給与の支給）

● 26 条（給料表に関する報告・勧告）

● 26 条の 2、26 条の 3（修学部分休業・高齢者部分休業）

● 26 条の 5（自己啓発等休業・配偶者同行休業〈26 条の 6 による準用〉）3 項（休業期間中の給与無支給）

地公企法に
特例規定あり

● 36 条（政治的行為の制限）

> 企業職員・単純労務職員は政治的影響力が少ない
> ただし、企業職員のうち、政令で定める基準に従い地方公共団体の長が定める職にある者には適用される

● 37 条（争議行為等の禁止）

> 地公企労法に特例規定あり

● 39 条（研修）4 項　研修方法に関する人事委員会の勧告権

- 46条（勤務条件に関する措置要求）
- 47条（審査・審査の結果執るべき措置）
- 48条（要求、審査・判定の手続）
- 49条（不利益処分に関する説明書の交付）
- 行政不服審査法

→ 企業職員・単純労務職員は、団体協約締結権があるので、

勤務条件に関する措置要求
不利益処分に関する審査請求　　→　の適用がない

- 58条の3（等級等ごとの職員の数の公表）

［企業職員のみの地公法の適用除外］

52 ～ 56条（職員団体に関する規定）

- 一般職員が企業職員を兼務している場合（昭28.3.9行実）
  - ア　企業職員たる地位において、地公企法・地公企労法の適用を受ける
  - イ　一般職員たる地位において、上記の法で適用を排除された法の各条項も適用される

- 地方公営企業の予算又は、賃金上不可能な賃金の支出を内容とする協定の締結

→ 当該地方公共団体の長は、協定を議会に付議し、その承認を求めること（昭49.10.15行実）

- 職員が単純な労務に雇用される者に該当するかどうか

→ その者の職務及び責任の実態に基づいて判断すべきである（昭37.3.23行実）

- 単純労務職員が不利益処分を受けた場合

→ 出訴が可（昭29.6.14行実）

◪ 総務省の協力・技術的助言（法59条）

● 人事行政が法で確立される地方公務員制度の原則に沿って運営されるよう協力し、及び技術の助言が可

| 総 務 省 | 協力・技術的助言が可 →| 地方公共団体 |

◪ 人事行政の運営等状況の公表（法58条の2）

❶ 任命権者の報告

| 地方公共団体の長 | ← 報告義務 | 任命権者 |

公表義務

条例で定めるところにより

● 職員の任用
　※ただし、臨時職員、短時間勤務職員、常勤職員より短時間勤務の会計年度任用職員は除く
● 人事評価
● 給　与
● 勤務時間その他の勤務条件
● 休　業
● 分限・懲戒
● 服　務
● 退職管理
● 研　修
● 福祉・利益の保護

など人事行政の運営状況について行う

❷人事委員会・公平委員会の報告

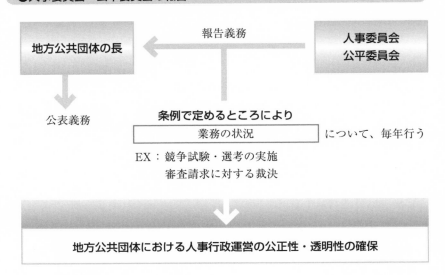

地方公共団体の長　←　報告義務　←　人事委員会　公平委員会

公表義務

条例で定めるところにより

| 業務の状況 |

について、毎年行う

EX：競争試験・選考の実施
　　審査請求に対する裁決

地方公共団体における人事行政運営の公正性・透明性の確保

◆等級等ごとの職員数の公表（法58条の3）

任命権者

法25条4項に規定する等級（90ページ参照）及び職員の職の属する職制上の段階ごとに、職員数を毎年、地方公共団体の長に報告すること

地方公共団体の長

毎年、上記の報告を取りまとめ、公表すること

[参考…地方公共団体における業務等の主な公表制度]

項　目	内　容
①直接請求に対する措置の公表 （自治法74〜88条）	●直接請求に対し、執ることとなった措置について、請求先となった機関（長又は監査委員又は選挙管理委員会）が請求代表者に通知し、公表する
②監査委員による監査等の結果の公表 （自治法199条ほか）	●監査委員は、監査結果の報告等を決定したときは、これを公表する 　EX：定期監査 　　　（自治法199条①、④、⑨） 　　　住民監査請求 　　　（自治法242条④、⑤、⑨） 　　　外部監査人による監査 　　　（自治法252条の38③ほか）
③予算の要領の公表 （自治法219条）	●議会の議決を得た予算について、長がその要領を公表する
④決算の要領の公表 （自治法233条）	●会計管理者から調製・提出を受けた決算について、長が監査委員の意見・議会の議決を経て、その要領を公表する
⑤財政状況の公表 （自治法243条の3）	●条例により、長が毎年2回以上、歳入歳出予算の執行状況、財産、地方債、一時借入金の現在高その他財政に関する事項を公表する

※詳細は、本書姉妹書『完全整理　図表でわかる地方自治法』を参照のこと

32 罰　則 (1)

本法は、職員の行為について、罰則に該当するものを限定列挙しています。逆に言えば、ここに掲げているもの以外は罰則の対象になりませんので、この機会に丸ごと覚えてしまいましょう。

◆法違反に対する措置

❶地方公共団体の内部組織による自律的な是正

> **EX**
>
> 長の総合調整権（自治法 180 条の 4）
>
> 議会の調査権（自治法 100 条）
>
> 監査委員の監査（自治法 199 条）
>
> 人事委員会の人事行政に関する勧告（法 8 条①Ⅴ）
>
> 懲戒処分の実施（法 29 条）

❷刑罰の適用

> ◎憲法 31 条
> 「何人も、法律の定める手続によらなければ、その生命若しくは自由を奪われ、又はその他の刑罰を科せられない」

> ◎憲法 40 条
> 「何人も、抑留又は拘禁された後、無罪の裁判を受けたときは、法律の定めるところにより、国にその補償を求めることができる」

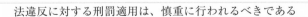

法違反に対する刑罰適用は、慎重に行われるべきである

※この中でも、懲戒処分の実施と刑罰の適用は、法違反に対する制裁として、公的権力による強硬な措置となっている

◆罰　則

[下記に該当する者は、法60条の罰則に処する]

罰則の該当者（◎印は法62条の罰則の適用を示す）※		罰則の内容
●法13条（平等取扱の原則）に違反して差別をした者		1年以下の懲役又は50万円以下の罰金（法60条）
◎法34条（守秘義務）に違反して秘密を漏らした者		
●法50条3項（人事委員会又は公平委員会の執るべき措置）による指示に故意に従わなかった者		
a	●離職後2年を経過するまでの間に、離職前5年間に在職していた地方公共団体の執行機関の組織等に属する役職員又はこれに類する者として人事委員会規則で定めるものに対し、 　↓ 契約等事務であって離職前5年間の職務に属するものに関し、 　↓ 職務上不正な行為をするように、又は相当の行為をしないように要求し、又は依頼した再就職者	
b	●地方公共団体の長の直近下位の内部組織の長又はこれに準ずる職であって人事委員会規則で定めるものに、離職日の5年前の日より前に就いていた者で、 　↓ 離職後2年を経過するまでの間に、当該在職していた団体の執行機関の組織等の役職員又はこれに類する者として人事委員会規則で定めるものに対し、 　↓ 契約等事務で離職日の5年前の日より前の職務に属するものに関し、 　↓ 職務上不正な行為をするように、又は相当の行為をしないように要求し、又は依頼した再就職者	

※◎印については203ページ参照

罰　則 (2)

罰則の該当者（◎印は法 62 条の罰則の適用を示す）		罰則の内容
c	●在職していた地方公共団体の執行機関の組織等に属する役職員又はこれに類する者として人事委員会規則で定めるものに対し、 ↓ 当該在職していた団体と当該再就職した営利企業等若しくはその子法人との間の自ら決定した契約、若しくは自ら決定した処分に関し、 ↓ 職務上不正な行為をするように、又は相当の行為をしないように要求し、又は依頼した再就職者	1 年以下の懲役又は 50 万円以下の罰金 （法 60 条）
d	●国家行政組織法に規定する部長又は課長の職に相当する職として人事委員会規則で定めるものに、離職日の 5 年前の日より前に就いていた者で、 ↓ 離職後 2 年を経過するまでの間に、当該在職していた団体の執行機関の組織等の役職員又はこれに類する者として人事委員会規則で定めるものに対し、 ↓ 契約等事務で離職日の 5 年前の日より前の職務に属するものに関し、 ↓ 職務上不正な行為をするように、又は相当の行為をしないように要求し、又は依頼した再就職者	
●上記 a ～ d までに掲げる再就職者から要求又は依頼を受けたことを理由として、職務上不正な行為をし、又は相当の行為をしなかった者		

[下記に該当する者は、法 61 条の罰則に処する]

罰則の該当者（◎印は法 62 条の罰則の適用を示す）	罰則の内容
◎法 50 条 1 項（人事委員会又は公平委員会による不服申立ての審査）に関し、8 条 6 項により、 ①人事委員会又は公平委員会から証人喚問を受け、 　ア　正当な理由なく応じない者 　イ　虚偽の陳述をした者 ②人事委員会又は公平委員会から書類又はその写しの提出を求められ 　ア　正当な理由なく応じない者 　イ　虚偽事項記載の書類又はその写しを提出した者	3 年以下の懲役又は100 万円以下の罰金（法 61 条）
◎法 15 条（任用の根本基準＝成績主義）に違反して任用した者	
◎法 18 条の 3 又は 21 条の 4 ④に違反して受験を阻害し、又は情報を提供した者	
◎法 46 条（勤務条件に関する措置要求）による申し出を故意に妨げた者	

[62 条の罰則]

罰則の該当者	罰則の内容
上記の◎印の行為を企て、命じ、故意に容認し、そそのかし、ほう助した者	各本条の刑に処する（法 62 条）

[下記に該当する者は、法 62 条の 2 の罰則に処する]

罰則の該当者	罰則の内容
●何人たるを問わず、37 条 1 項の違法行為（同盟罷業・怠業・その他の争議行為）を共謀、唆し、あおり、企てた者	3 年以下の禁錮又は100 万円以下の罰金（法 62 条の 2）

[下記に該当する者は、法 63 条の罰則に処する]
※ただし、刑法の正条があるときは、刑法による

罰則の該当者		罰則の内容
e	●職務上不正な行為をすること若しくはしたこと、又は相当の行為をしないこと若しくはしなかったことに関し、 　　↓ 営利企業等に対し、離職後に当該営利企業等若しくはその子法人の地位に就くこと、又は他の役職員をその離職後に、若しくは役職員であった者を、当該営利企業等若しくはその子法人の地位に就かせることを要求し、又は約束した職員	
f	●職務に関し、他の役職員に職務上不正な行為をするように、又は相当の行為をしないように要求し、依頼し、唆した職員	3 年以下の懲役 （法 63 条）
g	●要求し、依頼し、唆したことに関し、営利企業等に対し、離職後に当該営利企業等若しくはその子法人の地位に就いた職員	
h	●他の役職員をその離職後に、若しくは役職員であった者を、当該営利企業等若しくはその子法人の地位に就かせることを要求し、又は約束した職員	
●上記 e～h の不正な行為をするように、または相当の行為をしないように要求し、依頼し、唆した行為の相手方であって、 　　↓ 要求又は約束があったことの情を知って、職務上不正な行為をし、又は相当の行為をしなかった職員		

[下記に該当する者は、法64条の罰則に処する]

罰則の該当者	罰則の内容
●役職員又はこれに類する者として人事委員会規則で定める者に対し、契約等事務に関し、職務上の行為をするように、又はしないように要求し、又は依頼した者	10万円以下の過料（法64条）

◆条例による罰則規定の制定（法65条）

地方公共団体が、条例による再就職の届出規定（159ページ「地方公共団体の講ずる措置」参照）を制定した場合に、当該条例には、これに違反した者に対し、10万円以下の過料を科する旨の規定を設けることが可

★以上の「罰則」規定全般において、「人事委員会規則」の定めがある場合
➡人事委員会を置かない団体は、「地方公共団体の規則」と読み替える（法38条の2①）

【参考文献】

橋本勇著『新版 逐条地方公務員法』

米川謹一郎編著『試験・実務に役立つ！　地方公務員法の要点』

地方自治制度研究会監修『地方自治小六法』

地方公務員昇任試験問題研究会編著『完全整理 図表でわかる地方自治法』

（いずれも学陽書房）

完全整理　**図表でわかる地方公務員法**〈第 3 次改訂版〉

2004 年　7 月 20 日	初版発行
2014 年 10 月 15 日	12 刷発行
2016 年　3 月 25 日	第 1 次改訂版発行
2017 年　6 月 23 日	3 刷発行
2019 年　1 月 25 日	第 2 次改訂版発行
2020 年　9 月 16 日	3 刷発行
2021 年 10 月 27 日	第 3 次改訂版発行
2024 年　5 月　9 日	3 刷発行

編著者　　地方公務員昇任試験問題研究会
　　　　　（ち ほうこう む いんしょうにんにん し けんもんだいけんきゅうかい）
発行者　　佐久間重嘉
発行所　　学陽書房

〒 102-0072　東京都千代田区飯田橋 1-9-3
営業／電話　03-3261-1111　FAX　03-5211-3300
編集／電話　03-3261-1112　FAX　03-5211-3301
http://www.gakuyo.co.jp/

DTP 制作／越海編集デザイン　印刷・製本／モリモト印刷
ⓒ 地方公務員昇任試験問題研究会 2021, Printed in Japan

ISBN 978-4-313-20483-6 C2332
乱丁・落丁本は、送料小社負担にてお取り替えいたします。